Confidentialité en ligne 101

Étapes simples pour protéger votre identité, vos appareils et vos données personnelles en ligne

Par Joe Correa

Publié par Live Stronger Faster

Première édition

Table des matières

Introduction 4

Chapitre 1 : Pourquoi la confidentialité en ligne est plus importante que jamais 8

Chapitre 2 : La trace numérique que vous laissez derrière vous 15

Chapitre 3 : La protection des mots de passe simplifiée 27

Chapitre 4 : Protéger vos appareils personnels 38

Chapitre 5 : Comment préserver sa vie privée sur les réseaux sociaux 49

Chapitre 6 : Navigation privée et moteurs de recherche privés 60

Chapitre 7 : Messagerie, e-mails et communication sécurisée 71

Chapitre 8 : Vol d'identité et confidentialité financière 82

Chapitre 9 : La confidentialité en ligne pour les familles et les enfants 92

Chapitre 10 : Construire des habitudes de confidentialité durables pour la vie 102

Le pouvoir du choix dans un monde surveillé 112

Introduction

Dans un monde de plus en plus guidé par les données, le concept de la confidentialité en ligne est devenu bien plus qu'une simple préférence — c'est une nécessité. Chaque clic, chaque balayage d'écran et chaque commande vocale que vous effectuez fait partie d'un profil numérique en constante expansion, utilisé pour vous cibler, vous vendre des produits, vous influencer, voire vous voler. Pourtant, pour la plupart des gens, la confidentialité en ligne reste une idée vague, souvent considérée comme un sujet réservé aux « hackers et experts en technologie » ou aux théoriciens du complot. La réalité est beaucoup plus personnelle — et beaucoup plus urgente.

La confidentialité en ligne ne consiste pas seulement à éviter les publicités. Il s'agit de protéger votre identité, votre argent, votre famille, votre carrière et votre avenir. Les données collectées à votre sujet — souvent sans que vous en ayez pleinement conscience — sont utilisées pour influencer vos décisions, surveiller votre comportement et, dans certains cas, contrôler certains aspects de votre vie. Qu'il s'agisse d'un mot de passe compromis, d'un numéro de carte bancaire divulgué ou de données de localisation suivies et revendues, les conséquences de la négligence en matière de confidentialité sont bien réelles — et souvent coûteuses.

La bonne nouvelle, c'est que vous n'avez pas besoin d'être un expert en cybersécurité pour vous protéger. Avec quelques outils essentiels, de simples habitudes et une meilleure compréhension de la manière dont vos données sont collectées, vous pouvez reprendre le contrôle. Ce livre est votre guide étape par étape pour y parvenir.

Vous apprendrez à :
Identifier et éliminer les plus grands risques pour votre confidentialité dans votre routine quotidienne
Renforcer vos mots de passe et vos méthodes d'authentification
Utiliser des navigateurs privés et des VPN pour protéger votre activité sur Internet
Comprendre comment les applications, les réseaux sociaux et les moteurs de recherche collectent vos données
Prévenir le vol d'identité, le phishing et la fraude financière
Mettre en place des outils de communication privés pour les messages et les e-mails
Protéger vos enfants et votre famille contre l'exposition en ligne

Chaque chapitre propose des solutions simples et applicables immédiatement, basées sur ce que les gens peuvent réellement faire aujourd'hui. Nous éliminerons le jargon technique, déconstruirons les mythes courants et nous concentrerons sur ce qui fonctionne réellement pour l'utilisateur moyen — que vous utilisiez un smartphone, un ordinateur portable, une tablette ou une télévision connectée.

Ce livre fait partie de la série plus large Cyber Shield Academy, mais il est conçu pour être complet à lui seul. Si vous débutez en cybersécurité, vous êtes au bon endroit. Si vous ne savez pas par où commencer, vous trouverez ici une feuille de route claire. Et si vous avez déjà pris certaines mesures de confidentialité mais souhaitez aller plus loin, nous aborderons également des stratégies plus avancées.

Pourquoi cela est-il important aujourd'hui ? Parce que le paysage de la confidentialité évolue plus vite que jamais. Les lois changent, la surveillance augmente et les entreprises technologiques trouvent constamment de nouvelles façons de suivre votre comportement. Des appareils domestiques intelligents aux assistants vocaux basés sur l'IA, en passant par la reconnaissance faciale dans les magasins, votre vie privée est remise en question d'une manière que la plupart des gens ne réalisent même pas.

Nous vivons la plus grande transformation de la sécurité personnelle depuis l'apparition d'Internet. Tout comme les ceintures de sécurité sont devenues une norme dans les voitures lorsque les gens ont compris les risques de la conduite, les outils et habitudes de confidentialité en ligne doivent devenir une norme dans notre vie numérique. Plus vous commencez tôt, plus vous serez en sécurité.

Ce livre ne consiste pas à se cacher du monde. Il s'agit d'y naviguer avec intelligence. Il s'agit de choisir ce que vous partagez, quand vous le partagez et avec qui — selon vos propres conditions, et non celles des autres.

Alors, commençons votre amélioration de la confidentialité. Tournez la page, appuyez sur lecture et préparez-vous à reprendre le contrôle de votre pouvoir à l'ère numérique. Ceci est votre guide pour une navigation plus sûre, de meilleures habitudes et une tranquillité d'esprit totale en ligne.

Chapitre 1 : Pourquoi la confidentialité en ligne est plus importante que jamais

Nous vivons à une époque où les données ont plus de valeur que le pétrole. Ce n'est pas une métaphore — c'est une réalité économique. Aujourd'hui, chaque grande entreprise technologique est avant tout une entreprise de données. De Google à Meta, d'Amazon à TikTok, vos informations personnelles sont collectées, analysées, regroupées et revendues en temps réel. Et même si vous ne ressentez pas chaque jour l'impact direct de ce commerce des données, il influence tout — des publicités que vous voyez aux prix que vous payez, aux emplois auxquels vous pouvez prétendre, et même aux informations auxquelles vous êtes exposé.

Mais pourquoi devriez-vous vous soucier de la confidentialité en ligne ? N'est-ce pas simplement le prix de la commodité dans un monde numérique ? Après tout, nous nous sommes habitués à utiliser des applications « gratuites » en échange de nos données personnelles. C'est le marché, n'est-ce pas ?

Le problème, c'est que ce marché « gratuit » coûte bien plus cher que la plupart des gens ne le réalisent. Les données que vous abandonnez sont utilisées pour :

Créer des profils comportementaux détaillés sur vous
Influencer vos opinions politiques
Contrôler le contenu que vous voyez — ou ne voyez pas
Prédire vos comportements et achats futurs
Vendre vos informations à des tiers sans votre consentement total

Ce niveau de surveillance appartenait autrefois aux films d'espionnage. Aujourd'hui, il fait partie de votre quotidien. Votre smartphone suit votre localisation. Vos profils sur les réseaux sociaux analysent vos expressions faciales. Votre historique de navigation est stocké et revendu. Même vos e-mails et messages peuvent être analysés par des algorithmes pour prédire vos émotions et vos habitudes.

Les annonceurs ne sont pas les seuls à vouloir vos données. Les cybercriminels les recherchent également. Avec quelques informations clés — comme votre adresse e-mail, votre date de naissance ou le nom de jeune fille de votre mère — ils peuvent ouvrir des cartes de crédit à votre nom, vider vos comptes bancaires ou se faire passer pour vous auprès d'autres personnes. Le vol d'identité n'est plus rare. C'est une épidémie mondiale.

Il existe aussi un coût psychologique. Des études montrent que la surveillance numérique constante rend les gens plus anxieux, moins créatifs et plus enclins à s'autocensurer. Lorsque vous savez que vous êtes observé, vous agissez différemment. La confidentialité en ligne ne consiste pas seulement à protéger vos données — elle consiste aussi à préserver votre liberté de penser, de parler et d'explorer sans peur.

Alors, quelle est la solution ? Elle commence par la prise de conscience. Vous n'avez pas besoin de vous déconnecter d'Internet ni de vivre hors réseau. Vous devez simplement être intentionnel dans votre manière d'interagir en ligne. Cela inclut :

Lire les autorisations demandées par les applications avant de les installer
Utiliser des navigateurs et moteurs de recherche axés sur la confidentialité
Mettre à jour les paramètres de confidentialité sur tous vos réseaux sociaux
Éviter les réseaux Wi-Fi gratuits non sécurisés
Utiliser des gestionnaires de mots de passe et l'authentification à deux facteurs
Chiffrer vos messages et vos e-mails
Réfléchir à deux fois avant de partager des informations sensibles en ligne

Aucune de ces étapes n'est extrême. Elles sont simples, réalistes et extrêmement efficaces lorsqu'elles deviennent une habitude numérique.

La conclusion est simple : la confidentialité en ligne ne consiste pas à se cacher. Elle consiste à avoir le contrôle. Le contrôle de vos données. Le contrôle de votre temps. Le contrôle de votre identité et de votre avenir. Et dans un monde où tout est suivi, le contrôle est le nouveau luxe.

Dans les chapitres suivants, nous explorerons chaque aspect de votre vie numérique et vous montrerons comment la protéger — de manière claire, pratique et étape par étape.

Maintenant, donnons vie à cette leçon avec une histoire inspirée de faits réels...

Tout a commencé par une réinitialisation de mot de passe oubliée. Maria, une graphiste de 38 ans vivant à Atlanta, venait de terminer une matinée chargée de travail pour ses clients lorsqu'elle reçut un e-mail qui la glaça. L'objet indiquait : « Votre identifiant Apple a été verrouillé en raison d'une activité suspecte. » Son cœur s'emballa. Elle ne s'était pas connectée ce matin-là et n'utilisait pas son compte Apple sur un nouvel appareil.

Pensant qu'il pouvait s'agir d'un spam, elle examina les détails de l'expéditeur. Tout semblait légitime. Le logo, le langage, même l'adresse de retour imitaient parfaitement Apple. Sans réfléchir, elle cliqua sur le lien, saisit ses identifiants et valida.

Ce qui se produisit ensuite bouleversa sa vie numérique.

En quelques heures, elle fut déconnectée de tous ses appareils Apple. Son téléphone cessa de recevoir des SMS. Son MacBook fut verrouillé à distance. Et pire encore — sa banque détecta deux importantes transactions non autorisées via Apple Pay. Elle perdit l'accès à ses e-mails, à son compte PayPal et à ses réseaux sociaux. C'était comme si son identité avait été volée et confiée à quelqu'un d'autre.

Paniquée, Maria appela le support Apple. La personne au téléphone confirma ses craintes : elle avait été victime d'un phishing. L'e-mail n'était pas réel. Elle avait transmis son identifiant Apple et son mot de passe à un cybercriminel, qui les avait immédiatement utilisés pour réinitialiser tous les comptes liés. Ses photos. Ses notes. Ses contacts. Toute sa vie numérique.

Le processus de récupération fut lent et douloureux. Elle dut vérifier son identité auprès de plusieurs banques, signaler le vol à la police, contacter les agences de crédit et expliquer à ses clients pourquoi elle avait manqué des rendez-vous et perdu des fichiers. Le poids émotionnel fut encore plus lourd que le coût financier. Elle se sentait violée, honteuse et profondément anxieuse. « Je ne pensais pas que quelque chose comme ça pouvait m'arriver », confia-t-elle à une amie. « Je croyais être prudente. »

Maria n'était pas imprudente — elle manquait simplement d'information. Comme des millions de personnes, elle n'avait jamais entendu parler des e-mails de phishing. Elle utilisait le même mot de passe sur plusieurs plateformes. Elle n'utilisait pas l'authentification à deux facteurs. Et elle n'avait aucune idée que ses activités en ligne étaient suivies quotidiennement.

Ce n'est qu'après cette catastrophe numérique que Maria commença à apprendre. Elle adopta un gestionnaire de mots de passe. Elle installa un VPN. Elle chiffra ses appareils. Elle activa l'authentification à deux facteurs partout. Et peu à peu, elle reconstruisit sa sécurité numérique.

Son histoire n'est pas unique. C'est un avertissement — et un signal d'alarme. Les violations de confidentialité ne ressemblent pas toujours à des hackers masqués dans des sweat-shirts à capuche. Elles prennent la forme de personnes ordinaires cliquant sur le mauvais lien ou faisant confiance à la mauvaise application. Elles surviennent dans des moments du quotidien — lorsque vous êtes distrait, pressé ou simplement en train d'essayer de faire quelque chose rapidement.

Mais la sensibilisation est une force. Maria a transformé son erreur en motivation. Aujourd'hui, elle enseigne à d'autres freelances comment rester en sécurité en ligne. Elle partage ouvertement son expérience, espérant que d'autres n'auront pas à apprendre de la manière la plus difficile.

La leçon ? La confidentialité en ligne est importante. Pas demain. Pas le mois prochain. Maintenant.

Chapitre 2 : La trace numérique que vous laissez derrière vous

Chaque fois que vous allez en ligne — que ce soit pour faire des achats, faire défiler les réseaux sociaux, lire les actualités ou consulter la météo — vous laissez derrière vous une trace numérique. Cette trace est une collection de points de données qui révèlent silencieusement qui vous êtes, ce que vous pensez, où vous êtes allé et ce que vous êtes susceptible de faire ensuite. La plupart des gens ne réalisent pas à quel point cette trace est détaillée ni combien d'entités l'observent et l'enregistrent. Vos clics, balayages, recherches, emplacements, achats, vidéos regardées, utilisation des applications et même la vitesse à laquelle vous faites défiler une page — tout cela contribue à votre empreinte numérique. Et la majeure partie de ce processus se déroule en arrière-plan, sans votre conscience active ni votre consentement.

Le concept des cookies est l'un des premiers indices de votre parcours en ligne. Conçus à l'origine pour améliorer l'expérience utilisateur — comme mémoriser votre panier d'achat ou vous garder connecté — les cookies ont évolué. Aujourd'hui, les cookies tiers sont l'un des principaux outils utilisés par les annonceurs pour vous suivre à travers les sites web, collectant des données afin de construire un profil comportemental. Ces profils sont ensuite utilisés pour de la publicité ultra-ciblée. Avez-vous déjà recherché quelque chose sur Google puis vu des publicités pour cet élément sur Facebook ou Instagram ? C'est votre trace numérique en action.

Mais les cookies ne sont qu'un début. Les sites web et les applications mobiles utilisent des traceurs, des balises, des pixels et l'empreinte numérique des appareils pour surveiller ce que vous faites — même si vous n'êtes pas connecté. Par exemple, votre téléphone peut envoyer vos données de localisation à des dizaines d'entreprises via des applications qui n'ont même pas besoin d'autorisation GPS. Elles suivent vos déplacements grâce aux signaux Bluetooth, aux réseaux Wi-Fi et à la triangulation des adresses IP. Votre application météo, lampe torche ou jeu mobile peut sembler inoffensif, mais beaucoup collectent discrètement votre localisation, vos contacts et vos habitudes de navigation.

Les métadonnées — c'est-à-dire les informations sur votre activité — constituent un autre élément souvent négligé. Ce n'est pas ce que vous avez écrit dans un message qui importe, mais à qui vous l'avez envoyé, à quelle heure, pendant combien de temps et depuis quel appareil. Les métadonnées sont extrêmement révélatrices. Elles peuvent cartographier vos relations, vos routines, vos humeurs et vos habitudes. Les gouvernements et les entreprises privées analysent ce type de données pour prédire les comportements ou repérer certains schémas.

Même votre historique de moteur de recherche contribue à votre trace numérique. Google conserve des journaux indiquant ce que vous recherchez, quand vous le recherchez, quels résultats vous cliquez, combien de temps vous restez sur une page et quel appareil vous utilisez. Ces données dressent un portrait de vos intérêts, de vos peurs, de vos objectifs et même de votre santé ou situation financière. Et à moins d'avoir modifié vos paramètres, une grande partie de ces informations est conservée indéfiniment.

Les réseaux sociaux ajoutent une autre couche puissante. Ce que vous publiez, aimez, commentez ou même survolez avec votre curseur est enregistré. Les algorithmes étudient votre engagement pour prioriser votre fil d'actualité — mais aussi pour affiner votre profil psychologique. Les plateformes connaissent vos opinions politiques, vos croyances religieuses, votre situation amoureuse, votre tranche de revenus et bien plus encore — parfois avec plus de précision que vos amis proches. Et même si vous n'utilisez pas les réseaux sociaux, d'autres peuvent vous identifier sur des photos ou des publications, créant ce que l'on appelle un « profil fantôme » basé sur des données fournies par autrui.

Les appareils que vous utilisez, les navigateurs que vous préférez et les réseaux Wi-Fi auxquels vous vous connectez laissent également des traces identifiables. Cela s'appelle l'empreinte numérique de l'appareil. Cela consiste à collecter des informations telles que la résolution de votre écran, la version de votre navigateur, les polices installées, le fuseau horaire et les extensions activées. Cette combinaison est souvent unique, ce qui permet de vous suivre même si vous supprimez vos cookies ou utilisez le mode navigation privée.

Les risques liés à une grande trace numérique non gérée sont sérieux. D'une part, elle fait de vous une cible plus facile pour le vol d'identité, les arnaques et le phishing. Les criminels n'ont pas besoin de votre numéro de sécurité sociale pour se faire passer pour vous — ils peuvent utiliser des informations publiques pour deviner vos mots de passe, répondre à vos questions de sécurité ou envoyer des e-mails frauduleux personnalisés. Votre trace numérique peut également être vendue et revendue par des courtiers en données, qui collectent ces informations à partir de diverses sources, les regroupent en profils et les revendent à des annonceurs, compagnies d'assurance, agences de crédit et autres.

Et n'oublions pas les effets psychologiques. Lorsque les gens réalisent qu'ils sont observés, ils commencent souvent à s'autocensurer. C'est ce qu'on appelle « l'effet paralysant », lorsque des individus cessent de rechercher certains sujets, d'exprimer des opinions ou d'explorer des idées par peur d'être jugés ou surveillés. Cette perte de liberté est subtile mais nuisible — elle érode la créativité, la curiosité et l'authenticité.

Heureusement, il existe des moyens de réduire votre trace numérique. Commencez par utiliser des modes de navigation privée, même s'ils ont leurs limites — ils ne masquent pas votre adresse IP et n'empêchent pas totalement le suivi. Passez à des navigateurs axés sur la confidentialité comme Brave ou Mozilla Firefox, et utilisez des moteurs de recherche comme DuckDuckGo qui ne suivent pas vos requêtes. Installez des extensions de blocage de traceurs comme uBlock Origin, Privacy Badger ou Ghostery. Utilisez un VPN pour masquer votre adresse IP et chiffrer votre trafic Internet, surtout lorsque vous utilisez un Wi-Fi public.

Examinez les autorisations accordées à vos applications. Posez-vous cette question : une application de calculatrice a-t-elle vraiment besoin d'accéder à votre caméra ? Supprimez les autorisations inutiles. Désinstallez les anciennes applications que vous n'utilisez plus et méfiez-vous des applications gratuites qui monétisent vos données. Sur votre smartphone, désactivez les services de localisation pour toutes les applications sauf celles qui en ont réellement besoin — comme les cartes ou les services de covoiturage.

Enfin, prenez le contrôle de vos comptes en ligne. Effacez régulièrement votre historique de navigation et vos cookies. Déconnectez-vous de vos comptes lorsque vous ne les utilisez pas. Ajustez les paramètres de confidentialité de vos réseaux sociaux afin de limiter qui peut voir vos publications et vos données. Et inscrivez-vous à des outils de surveillance des violations de données comme Have I Been Pwned pour vérifier si votre e-mail ou vos mots de passe ont été compromis.

Votre trace numérique est puissante — mais elle peut être maîtrisée. Comme des empreintes dans le sable, elle n'a pas besoin de durer éternellement. Avec les bons outils et habitudes, vous pouvez réduire votre visibilité, protéger votre identité et reprendre le contrôle de votre présence en ligne.

Qui est Jordan ?

Jordan était le genre de personne passionnée par la technologie. Il achetait le dernier téléphone chaque année, synchronisait tous les appareils de sa maison connectée et quittait rarement un magasin sans scanner un QR code ou télécharger une application de fidélité. Sa vie était fluide — connectée, pratique et rapide. Mais il ne s'était jamais demandé ce qui se passait en arrière-plan. Jusqu'à ce qu'un entretien d'embauche change tout.

Il avait postulé à un poste de marketing numérique dans une entreprise logicielle de taille moyenne. Son CV était solide et son expérience convaincante. La recruteuse l'appréciait. « Vous correspondez parfaitement », lui dit-elle au téléphone. « Il ne reste qu'une dernière étape de vérification avec notre équipe conformité et gestion des risques. »

Une semaine passa. Puis une autre. Jordan relança deux fois. Finalement, il reçut un e-mail : « Nous avons décidé de poursuivre avec d'autres candidats. Merci de votre intérêt. » Aucune explication. Aucun retour.

Confus, Jordan envoya un message à la recruteuse sur LinkedIn. Elle hésita puis répondit : « Officieusement... il semble que certaines données en ligne vous aient classé comme profil à risque. Je n'ai pas de détails, mais leurs systèmes d'IA utilisent les données publiques, les réseaux sociaux et l'activité web pour créer des profils de risque. Je suis désolée. »

Son estomac se noua. Quelles « données en ligne » ? Il n'était pas un criminel. Il ne publiait rien d'offensant. Il était simplement... présent sur Internet.

Jordan commença à enquêter. Il se chercha sur Google. Son profil LinkedIn et son Instagram semblaient normaux — principalement des photos de voyage et du contenu professionnel. Mais il trouva ensuite un site de recherche de personnes listant son nom complet, son âge, ses anciennes adresses et même ses anciens numéros de téléphone. En approfondissant, il vit aussi ses proches, ses dons politiques, ses contraventions et même d'anciens articles de blog datant de l'université qu'il avait oubliés depuis longtemps. Cela ressemblait à un dossier numérique — un fichier auquel il n'avait jamais consenti et dont il ignorait l'existence.

Puis vinrent les publicités. Il réalisa qu'il était constamment ciblé. Il avait recherché une assurance santé une seule fois et reçut ensuite des appels indésirables pendant des semaines. Il avait aimé un article sur la cryptomonnaie sur Facebook et se retrouva dirigé vers des groupes financiers marginaux. Même ses recommandations sur YouTube avaient pris une tournure étrange — il ne se souvenait même plus d'avoir regardé la moitié des vidéos proposées.

Plus il regardait, plus il comprenait : il était observé. En permanence.

Il installa une extension de navigateur appelée Ghostery. En quelques secondes, elle révéla qu'un seul site web contenait plus de 40 traceurs — certains qu'il n'avait jamais vus auparavant. Il essaya le mode navigation privée. Cela aida un peu. Puis il téléchargea Brave, un navigateur bloquant automatiquement les publicités et les traceurs. L'expérience semblait différente — plus calme. Moins intrusive.

Il vérifia ensuite les paramètres de ses applications. Son application lampe torche avait accès à son microphone. Son application météo collectait sa localisation 24 heures sur 24. Son application de notes pouvait accéder à ses contacts. Il commença à révoquer les permissions, désinstaller les applications inutiles et désactiver les services de localisation sauf pour l'essentiel. Son téléphone lui sembla soudain beaucoup plus privé.

Toujours perturbé, il alla plus loin. Il apprit comment les entreprises utilisent l'empreinte numérique des appareils pour suivre les utilisateurs même sans cookies. Comment les métadonnées de ses e-mails et messages pouvaient cartographier ses relations. Comment les courtiers en données récupèrent des informations provenant de sources publiques, d'achats en magasin et même d'appareils domestiques intelligents afin de construire et vendre des profils comme le sien à des annonceurs, assureurs et employeurs.

Jordan avait toujours pensé : « Si je n'ai rien à cacher, je n'ai rien à craindre. » Mais il comprit que ce n'était pas la question. Le vrai problème était le contrôle — ou plutôt son absence. Toute sa vie numérique avait été surveillée, enregistrée et reconditionnée sans son autorisation, avec de réelles conséquences.

Il se sentit violé.

Mais Jordan n'était pas du genre à rester impuissant. Il transforma cela en mission. Il s'inscrivit à des alertes de confidentialité pour surveiller ses données. Il utilisa un VPN. Il adopta un service de messagerie chiffrée. Il supprima d'anciens comptes de réseaux sociaux qu'il n'utilisait plus. Il écrivit même à des courtiers en données pour demander la suppression de son profil.

Il commença aussi à conseiller ses amis et collègues. « Ce n'est pas parce que quelque chose est gratuit que c'est sûr », disait-il. « Vos données sont le produit. » Certains l'écoutèrent avec scepticisme, d'autres avec inquiétude. Mais ils ne pouvaient nier les résultats lorsqu'il leur montrait le nombre de traceurs bloqués en une seule journée.

Un ami lui demanda : « Alors quoi — tu vas vivre hors réseau maintenant ? » Jordan sourit. « Non. Je ne laisse simplement plus la porte grande ouverte. »

Quelques mois plus tard, il postula à nouveau — cette fois dans une startup valorisant la confidentialité et l'éthique. Lors de l'entretien, il partagea ce qu'il avait appris, comment il se protégeait et comment cela avait changé sa vision du marketing et du comportement numérique. L'intervieweuse fut impressionnée. « Nous avons besoin de plus de personnes qui comprennent réellement les risques liés aux données », dit-elle.

Jordan obtint le poste.

Son histoire rappelle que nos empreintes numériques sont plus puissantes que nous ne le pensons. Elles peuvent influencer des opportunités, façonner des opinions et nous exposer à la manipulation ou au jugement. Mais elles ne sont pas permanentes. Avec de la conscience et de l'action, chacun peut commencer à reprendre sa confidentialité.

Parce qu'au final, la liberté numérique ne consiste pas à disparaître — mais à choisir ce que vous laissez derrière vous.

Chapitre 3 : La protection des mots de passe simplifiée

Les mots de passe sont les portes d'entrée de votre vie numérique — et pour beaucoup de personnes, ces portes restent grandes ouvertes. Malgré d'innombrables avertissements concernant les cybermenaces, les mots de passe les plus utilisés restent étonnamment faibles : « 123456 », « password » et « qwerty » figurent encore parmi les choix les plus courants. Pire encore, la plupart des gens réutilisent le même mot de passe sur plusieurs sites, ce qui permet aux pirates d'accéder facilement non pas à un seul compte, mais à des dizaines.

Comprendre la protection des mots de passe est l'un des moyens les plus simples et les plus puissants de protéger votre vie privée en ligne. Un mot de passe solide ne sert pas seulement à bloquer les curieux ou les pirates amateurs — il peut empêcher le vol d'identité, la fraude financière et de graves atteintes à votre réputation. Et la meilleure partie ? Mettre en place un système de mots de passe sécurisé ne nécessite aucune compétence particulière ni logiciel complexe — seulement le bon état d'esprit et quelques habitudes essentielles.

Commençons par les bases : qu'est-ce qui rend un mot de passe fort ?

Un mot de passe fort est long, unique et complexe. Idéalement, il comporte au moins 12 à 16 caractères et mélange lettres majuscules, minuscules, chiffres et symboles. Mais la complexité seule ne suffit pas. La véritable force réside dans l'unicité. Si vous utilisez le même mot de passe robuste pour plusieurs sites, une seule fuite de données peut compromettre l'ensemble de vos comptes. Chaque compte devrait avoir son propre mot de passe distinct — surtout pour les services importants comme la messagerie, les banques et le stockage cloud.

Malheureusement, mémoriser des dizaines — voire des centaines — de mots de passe uniques est irréaliste pour la plupart des gens. C'est là qu'interviennent les gestionnaires de mots de passe. Des outils comme Bitwarden, 1Password, Dashlane ou LastPass stockent et remplissent automatiquement vos mots de passe de manière sécurisée. Ils chiffrent votre coffre-fort numérique afin que même l'entreprise ne puisse pas voir vos données. Avec un gestionnaire de mots de passe, vous n'avez qu'un seul mot de passe principal à retenir. Le reste est généré, enregistré et rempli automatiquement.

De nombreux gestionnaires détectent également les mots de passe faibles ou réutilisés et vous invitent à les remplacer. Ils peuvent aussi stocker des notes, des identifiants personnels et des jetons d'authentification à deux facteurs, devenant ainsi un centre de contrôle pour votre sécurité numérique.

En parlant d'authentification à deux facteurs (2FA), il s'agit de l'une des couches de protection les plus importantes que vous puissiez ajouter à un compte. Elle vous oblige à confirmer votre identité de deux façons — généralement un mot de passe et un code envoyé par SMS, application ou e-mail. Cette seconde couche réduit drastiquement les chances qu'un pirate accède à votre compte, même s'il connaît votre mot de passe.

Cependant, toutes les méthodes 2FA ne se valent pas. Les codes SMS sont meilleurs que rien, mais ils peuvent être interceptés via des attaques d'échange de carte SIM. Une option plus sûre consiste à utiliser une application d'authentification comme Google Authenticator, Microsoft Authenticator ou Authy. Ces applications génèrent des codes temporaires qui changent toutes les 30 secondes et fonctionnent hors ligne.

Certaines personnes préfèrent même utiliser des clés de sécurité physiques comme YubiKey ou Titan Security Key, qui se connectent physiquement à votre ordinateur ou téléphone pour confirmer votre identité. Ces dispositifs sont extrêmement difficiles à pirater et conviennent parfaitement aux comptes sensibles comme la banque en ligne, les portefeuilles crypto ou les e-mails professionnels.

Un autre risque souvent négligé concerne la récupération de mot de passe. Beaucoup de personnes choisissent des questions de sécurité faciles à deviner, comme le nom de jeune fille de leur mère ou le nom de leur premier animal. Malheureusement, ces informations se trouvent souvent sur les réseaux sociaux ou dans les registres publics. Si votre procédure de récupération est faible, elle peut compromettre même le meilleur mot de passe. Choisissez des réponses obscures ou inventées — mais mémorisables — et conservez-les en lieu sûr.

Soyez également attentif aux attaques de phishing. Les pirates tentent souvent de vous pousser à révéler vos mots de passe en imitant des pages de connexion de banques, de plateformes de streaming ou de grands magasins. Ces faux sites ressemblent presque parfaitement aux vrais. Une seule erreur — saisir vos identifiants sur un faux site — peut donner un accès total à votre compte. Vérifiez toujours l'adresse du site, recherchez le protocole HTTPS et évitez de cliquer sur des liens suspects dans les e-mails.

Une autre mauvaise habitude consiste à enregistrer vos mots de passe dans des navigateurs comme Google Chrome ou Safari sans protection avancée. Bien que pratiques, ces outils intégrés sont souvent moins sécurisés que les gestionnaires dédiés. Si vous les utilisez, assurez-vous que votre appareil est chiffré et que la synchronisation du navigateur est protégée par une authentification à deux facteurs.

Pour les utilisateurs particulièrement prudents ou manipulant des données sensibles, il est possible d'aller plus loin. Envisagez d'utiliser des adresses e-mail jetables ou des alias pour créer des comptes. Ainsi, même si un site est piraté, votre adresse principale reste protégée. Vous pouvez également auditer régulièrement vos comptes, supprimer les anciens accès inutilisés et mettre à jour les mots de passe critiques tous les 6 à 12 mois.

N'oublions pas les appareils mobiles. Assurez-vous que votre téléphone ou tablette est verrouillé avec un code d'accès — pas seulement une reconnaissance faciale ou une empreinte digitale. Ces méthodes biométriques sont pratiques, mais pas infaillibles. Dans certaines situations juridiques, vous pourriez être obligé d'utiliser votre visage ou votre empreinte, mais pas nécessairement un code secret. L'idéal est d'utiliser les deux.

Enfin, évitez de partager vos mots de passe par e-mail ou SMS. Si vous devez partager un accès, utilisez des services chiffrés comme ProtonMail ou les fonctions de partage sécurisé intégrées dans des outils comme 1Password. Et n'écrivez jamais vos mots de passe sur papier, sauf s'ils sont conservés dans un endroit physiquement sécurisé.

La protection des mots de passe n'a pas besoin d'être compliquée. Elle demande simplement quelques décisions intelligentes et la volonté de changer certaines habitudes. Dans le prochain chapitre, nous verrons comment sécuriser vos appareils physiques — car même la meilleure hygiène numérique peut être compromise si votre téléphone ou votre ordinateur tombe entre de mauvaises mains.

Nina la freelance

Nina s'est toujours considérée comme une personne à l'aise avec la technologie. En tant que rédactrice indépendante, elle travaillait en ligne, gérait des dizaines de comptes clients et utilisait tous les outils de productivité disponibles. Son univers numérique était rapide, organisé et automatisé. Mais lorsque son compte PayPal fut vidé en moins de trois minutes, tout changea.

Cela arriva un jeudi matin calme. Nina travaillait dans un café, buvant son café tout en répondant à ses e-mails, lorsqu'elle reçut une première notification : un paiement de 497 dollars à un nom inconnu. Puis un autre. Puis encore un autre. Elle se figea. Son solde PayPal était tombé à zéro — et son compte bancaire lié affichait désormais un solde négatif. Son cœur s'emballa. Elle tenta de se connecter, mais son mot de passe ne fonctionnait plus.

Affolée, elle contacta le support PayPal. Après une longue attente, l'agent confirma ses craintes : quelqu'un avait accédé à son compte, modifié son mot de passe et effectué plusieurs transferts. Le plus étrange ? Aucun signe de phishing. Aucun e-mail suspect. Aucune fausse page de connexion. Juste une intrusion directe.

Il ne fallut pas longtemps pour découvrir la faille. Nina utilisait le même mot de passe pour PayPal et plusieurs autres sites. L'un de ces sites avait subi une fuite de données six mois plus tôt — un site qu'elle n'utilisait même plus. Ses identifiants compromis avaient été publiés sur le dark web. Ensuite, il suffisait qu'un pirate teste ces identifiants sur PayPal — et cela fonctionna.

Pire encore, elle n'avait pas activé l'authentification à deux facteurs. Toute sa vie financière était protégée par un seul mot de passe recyclé.

Après que la banque ait annulé les transactions frauduleuses, Nina fit une promesse : cela ne se reproduirait jamais.

Elle commença par un audit de ses mots de passe. Elle dressa la liste de tous les sites qu'elle utilisait — banque, e-mail, boutiques en ligne, réseaux sociaux, plateformes d'abonnement et portails clients. Puis elle vérifia chacun d'eux pour détecter les mots de passe faibles ou réutilisés. La liste était plus longue qu'elle ne l'imaginait. Environ 70 % de ses comptes utilisaient une variante de la même phrase : son surnom d'enfance suivi de quelques chiffres. Elle pensait être ingénieuse. Ce n'était pas le cas.

Ensuite, elle installa Bitwarden. Gratuit au départ, facile à configurer, il lui proposa immédiatement des remplacements plus robustes. Il pouvait générer des mots de passe de 20 caractères totalement aléatoires — sûrs, imprévisibles et impossibles à deviner. En quelques clics, elle remplaça ses identifiants et les stocka dans son coffre-fort chiffré. Elle n'avait plus besoin de retenir des dizaines de codes — seulement un mot de passe principal.

Mais elle ne s'arrêta pas là.

Elle activa la double authentification sur tous ses comptes importants — notamment ses services bancaires, PayPal, son compte Google et son stockage cloud. Elle utilisa Google Authenticator, qui générait un nouveau code toutes les 30 secondes. Au début intimidant, cela devint rapidement naturel. La tranquillité d'esprit en valait la peine.

Elle programma également des rappels pour modifier son mot de passe principal tous les six mois et activa le verrouillage biométrique sur son gestionnaire de mots de passe. Pour aller encore plus loin, elle acheta une YubiKey — une petite clé USB nécessitant sa présence physique pour déverrouiller ses comptes sensibles. « Même si je perds mon ordinateur ou mon téléphone », pensa-t-elle, « ils n'entreront pas. »

Nina modifia aussi sa façon de répondre aux questions de récupération. Au lieu d'utiliser des réponses réelles, elle choisit des phrases aléatoires qu'elle seule pouvait retenir. Elle les stocka dans son gestionnaire de mots de passe.

Quelques semaines plus tard, elle aidait une autre freelance dont le compte Instagram avait été piraté. « Tu utilises le même mot de passe partout ? » demanda Nina. Son amie hocha la tête. « Tu n'es pas seule », dit-elle. « Mais laisse-moi te montrer quelque chose qui pourrait te sauver la vie. »

Ce n'était plus seulement une question de sécurité — c'était une question de conscience. La protection des mots de passe n'était pas une paranoïa de technophile. C'était le fondement de son indépendance numérique. Nina comprit que chaque fois qu'elle verrouillait sa porte d'entrée, elle protégeait sa vie physique. Et chaque fois qu'elle mettait à jour un mot de passe, elle protégeait sa vie numérique.

Quelques mois plus tard, elle donna une présentation à un groupe d'entrepreneurs locaux intitulée « Serrurerie numérique pour entrepreneurs ». Elle leur montra comment sécuriser leurs comptes, utiliser des gestionnaires de mots de passe et anticiper les violations de données. « C'est la mise à niveau la plus simple en cybersécurité que vous puissiez faire », dit-elle. « Et la plus importante. »

Avec le recul, elle ne voyait plus la violation comme un échec — mais comme un tournant. C'était le signal d'alarme dont elle avait besoin. Aujourd'hui, ses systèmes sont solides, sa confiance inébranlable. Et chaque fois qu'elle aide quelqu'un à verrouiller ses portes numériques, elle se rappelle que l'outil le plus puissant en ligne n'est ni une application ni un pare-feu — ce sont de bonnes habitudes.

Chapitre 4 : Protéger vos appareils personnels

Vos appareils — smartphones, ordinateurs portables, tablettes et même montres connectées — sont des portails vers votre vie numérique. Ils contiennent vos photos personnelles, vos informations bancaires, vos messages, vos e-mails, vos connexions aux réseaux sociaux et vos fichiers professionnels. À bien des égards, perdre le contrôle de votre appareil revient à perdre le contrôle de votre identité. Pourtant, beaucoup de personnes utilisent ces outils puissants sans réelle protection.

Sécuriser vos appareils personnels est l'une des étapes les plus importantes pour protéger votre vie privée en ligne. Ce chapitre se concentre sur des stratégies pratiques permettant de rendre vos appareils physiques et numériques plus résistants au vol, au piratage, à l'espionnage et à la perte de données. Que vous utilisiez iOS, Android, Windows ou macOS, les principes restent les mêmes : sécurité multicouche, chiffrement des données et contrôle des accès.

Commençons par la sécurité physique. L'une des mesures les plus simples — et souvent négligées — consiste à activer un écran de verrouillage avec un code d'accès. Qu'il s'agisse d'un code PIN, d'un mot de passe, d'une empreinte digitale ou de la reconnaissance faciale, assurez-vous que vos appareils ne soient pas accessibles à n'importe qui. Évitez les codes simples comme « 1234 » ou « 0000 ». Si vous utilisez un schéma de verrouillage, ne choisissez pas une ligne droite ou une forme évidente. Pour une meilleure protection, combinez biométrie et mot de passe solide.

Activez toujours le verrouillage automatique. Si vous vous éloignez de votre téléphone ou ordinateur, il devrait se verrouiller automatiquement après 30 secondes à 2 minutes. Cela protège vos données contre les curieux ou les voleurs opportunistes dans les lieux publics. Sur les ordinateurs portables, utilisez un économiseur d'écran nécessitant un mot de passe pour reprendre la session.

Ensuite, pensez au chiffrement de l'appareil. La plupart des appareils modernes proposent désormais un chiffrement activé par défaut. Le chiffrement protège les données de votre appareil afin que, même en cas de vol, personne ne puisse accéder au contenu sans votre mot de passe. Sur les iPhone, le chiffrement s'active automatiquement dès que vous définissez un code. Sur Android, il se trouve généralement dans « Sécurité > Chiffrement et identifiants ». Pour les ordinateurs portables, recherchez FileVault sur macOS ou BitLocker sur Windows Pro et activez-les si nécessaire.

Les mises à jour logicielles régulières sont également essentielles. Les mises à jour du système d'exploitation et des applications corrigent souvent des failles de sécurité exploitables par des pirates. Configurez vos appareils pour qu'ils se mettent à jour automatiquement et vérifiez manuellement au moins une fois par mois. Un logiciel obsolète est comme une clôture rouillée — vulnérable et inefficace.

Utilisez des outils antivirus et anti-malware fiables, en particulier sur Windows. Bien que macOS et iOS disposent de protections intégrées, une couche supplémentaire est toujours utile. Des solutions comme Malwarebytes, Bitdefender, Norton AntiVirus ou Avast Antivirus peuvent détecter les logiciels espions, chevaux de Troie et autres menaces cachées.

Évitez de télécharger des applications depuis des sources non officielles. Utilisez uniquement les boutiques officielles comme l'Apple App Store, Google Play ou les sites vérifiés des développeurs. Les applications piratées ou installées manuellement contiennent souvent des logiciels espions ou des portes dérobées. Si vous « rooter » ou « jailbreaker » votre appareil, sachez que cela contourne les protections de sécurité et augmente votre exposition aux risques.

Méfiez-vous des vulnérabilités liées au Wi-Fi et au Bluetooth. Ne vous connectez jamais à un Wi-Fi public non sécurisé sans utiliser un VPN. Les pirates peuvent intercepter vos données grâce à des outils de surveillance réseau, surtout sur les réseaux sans mot de passe. Désactivez la connexion automatique aux réseaux ouverts et coupez le Wi-Fi et le Bluetooth lorsqu'ils ne sont pas utilisés. Cela améliore aussi l'autonomie de la batterie.

Les attaques Bluetooth, comme le Bluejacking ou le Bluesnarfing, permettent à des attaquants proches d'envoyer des messages ou d'accéder à vos données sans autorisation. Bien que rares, elles restent possibles. Si vous n'avez pas besoin du Bluetooth, désactivez-le — surtout dans les lieux publics.

La sécurité du navigateur est tout aussi importante. Installez des navigateurs respectueux de la vie privée comme Brave ou Mozilla Firefox, et évitez d'utiliser les paramètres par défaut de Google Chrome sans ajustements. Effacez votre historique, bloquez les cookies tiers et utilisez des extensions telles que HTTPS Everywhere, uBlock Origin et Privacy Badger pour limiter le suivi.

Contrôlez rigoureusement les autorisations des applications. Sur la plupart des téléphones, les applications demandent l'accès à la caméra, au microphone, à la localisation, aux contacts ou au stockage. Beaucoup d'utilisateurs acceptent sans réfléchir. Prenez le temps de vérifier quels accès sont réellement nécessaires. Une application de retouche photo n'a pas besoin de votre microphone. Une calculatrice n'a aucune raison d'accéder à vos contacts.

Les enceintes connectées, téléviseurs intelligents et assistants vocaux représentent une menace croissante pour la confidentialité. Des appareils comme Amazon Alexa, Google Nest ou Apple Siri écoutent constamment un mot-clé d'activation. Bien qu'ils prétendent ne rien enregistrer avant activation, des chercheurs ont démontré que des déclenchements accidentels existent. Vérifiez les paramètres pour consulter ou supprimer vos enregistrements vocaux. Désactivez le microphone lorsque vous ne les utilisez pas.

Utilisez les fonctions d'effacement à distance et de localisation. Si votre téléphone ou ordinateur est perdu ou volé, des outils comme Find My iPhone, Find My Device ou Find My Mac peuvent vous aider à localiser ou effacer votre appareil. Assurez-vous qu'ils soient activés.

Un autre aspect souvent oublié est la sauvegarde et la récupération. La confidentialité ne consiste pas seulement à empêcher les autres d'accéder à vos données — elle consiste aussi à éviter de les perdre. Utilisez des sauvegardes cloud chiffrées ou des disques durs physiques sécurisés. Des services comme iCloud, Google One, Sync.com ou Tresorit offrent différents niveaux de confidentialité. Assurez-vous simplement qu'ils soient protégés par des mots de passe solides et la double authentification.

Enfin, considérez l'aspect social de la sécurité des appareils. Évitez de prêter vos appareils sans surveillance. Même des proches peuvent accidentellement cliquer sur un lien de phishing ou télécharger un fichier malveillant. Ne laissez jamais votre appareil sans surveillance dans un lieu public, même quelques secondes. Considérez votre téléphone ou ordinateur comme votre portefeuille : proche de vous, protégé et verrouillé.

Vos appareils personnels sont la première ligne de défense de votre identité numérique. Ils sont vos outils, votre mémoire, votre moyen de communication — et souvent votre seul accès au monde numérique. Les sécuriser n'est pas facultatif. C'est essentiel.

Dans le prochain chapitre, nous examinerons les réseaux sociaux — un espace où la confidentialité disparaît souvent sans que vous vous en rendiez compte.

Parlons maintenant de l'histoire de Darren.

Lorsque l'ordinateur portable de Darren disparut de son sac à dos dans un café bondé de New York City, il pensa d'abord qu'il s'agissait simplement d'un vol. Embêtant ? Oui. Incommodant ? Certainement. Mais pas catastrophique. Après tout, il avait une assurance et une sauvegarde à domicile. Ou du moins, c'est ce qu'il croyait.

Ce n'est que trois jours plus tard qu'il comprit ce qui avait réellement été volé.

Le voleur n'avait pas seulement pris un appareil — il avait volé l'accès à toute sa vie. Darren n'avait pas activé de mot de passe d'écran de verrouillage. Ses e-mails, son stockage cloud et ses réseaux sociaux étaient tous déjà connectés. Il ne s'était pas déconnecté depuis des mois. Celui qui possédait l'ordinateur avait accès à ses relevés bancaires, contrats, notes clients et même photos privées.

Au début, rien ne se produisit. Mais au cinquième jour, il reçut un e-mail de son compte professionnel : « Mot de passe modifié avec succès. » Quelques minutes plus tard, ses clients commencèrent à recevoir de fausses factures. Puis son compte Instagram publia des publicités frauduleuses liées aux cryptomonnaies. Il ne pouvait plus se connecter. Son e-mail, PayPal et même son compte Dropbox avaient été piratés.

Ce qui lui fit le plus mal n'était pas la honte — mais la perte de confiance. Un client fidèle lui écrivit : « C'est une blague ou vous avez vraiment été piraté ? » Darren se sentit vulnérable et peu professionnel. Il n'avait jamais imaginé qu'un simple vol d'ordinateur puisse provoquer une catastrophe numérique.

Les semaines suivantes furent consacrées à limiter les dégâts. Il déposa plainte, gela ses comptes bancaires, contacta le support technique de toutes les plateformes possibles. Certains comptes furent récupérés, d'autres non. Mais un élément l'avait sauvé : il avait activé l'authentification à deux facteurs sur son compte Gmail principal plusieurs mois auparavant.

Cette barrière empêcha l'attaquant d'accéder à tout. Mais les dommages étaient déjà faits.

Une fois la tempête passée, Darren se fit une promesse : il ne traiterait plus jamais la sécurité des appareils comme une réflexion secondaire.

Il acheta un nouveau MacBook et repartit de zéro. Il activa d'abord FileVault, le chiffrement intégré d'Apple. Désormais, même en cas de vol, les données seraient illisibles sans mot de passe. Il choisit un mot de passe alphanumérique de 12 caractères et configura le verrouillage automatique après 60 secondes d'inactivité.

Ensuite, il activa la fonction « Localiser » d'Apple. Si l'ordinateur disparaissait, il pouvait le localiser ou l'effacer à distance. Il testa la fonction — elle fonctionnait parfaitement.

Puis il examina son téléphone. Il n'avait jamais prêté attention aux autorisations d'applications. Désormais, il vérifia chaque application une par une, supprimant l'accès au microphone, à la caméra ou à la localisation lorsqu'ils n'étaient pas nécessaires. Il supprima plus de 20 applications en une seule soirée.

Il installa ensuite Malwarebytes sur son Mac et Bitdefender sur son téléphone. Il ajouta aussi un VPN pour les cafés, hôtels et aéroports. Chaque connexion Wi-Fi publique devenait ainsi chiffrée.

Il passa de Chrome à Brave et Mozilla Firefox, utilisant des extensions de confidentialité. Les publicités de suivi cessèrent de le poursuivre. Son expérience web devint plus légère et moins intrusive.

Concernant les appareils intelligents, Darren adorait la praticité. Mais il n'avait jamais examiné les paramètres de son Alexa. L'appareil conservait des enregistrements de sa voix — des conversations entières, même des blagues racontées à ses amis. Cela le troubla. Il supprima les enregistrements et désactiva le microphone. « Je peux l'activer quand j'en ai besoin », pensa-t-il. « Je n'ai pas besoin qu'il écoute en permanence. »

Enfin, Darren adopta une routine : une fois par mois, il vérifiait les mises à jour, les autorisations d'applications et réalisait un audit de confidentialité. Il configura également des sauvegardes automatiques chiffrées. « Perdre des données est grave », disait-il. « Mais perdre leur contrôle est pire. »

Quelques semaines plus tard, une autre freelance de son entourage eut un problème similaire — son téléphone avait été oublié dans un trajet Lyft sans code de verrouillage. Darren l'aida à récupérer ses comptes. « Vous seriez surpris de voir tout ce qui est à risque quand votre écran n'est pas verrouillé », dit-il. « C'est comme laisser la porte de votre maison grande ouverte. »

Avec le recul, il comprit que privilégier la commodité au détriment de la prudence avait presque détruit son activité. Aujourd'hui, sa mentalité a changé. La sécurité des appareils n'est pas de la paranoïa. C'est de la préparation.

Sa nouvelle devise ? « Ce n'est pas juste un ordinateur portable. C'est ma vie dans un boîtier en aluminium. »

Chapitre 5 : Comment préserver sa vie privée sur les réseaux sociaux

Les réseaux sociaux représentent l'une des plus grandes menaces pour votre vie privée en ligne — et ironiquement, c'est aussi l'endroit où les gens partagent le plus d'informations. Des plateformes comme Facebook, Instagram, TikTok, X, LinkedIn et Snapchat sont conçues pour encourager l'engagement en suivant chaque clic, défilement et commentaire. Ce que vous publiez, ce que vous aimez, qui vous suivez, combien de temps vous regardez une vidéo, et même ce que vous écrivez puis effacez — tout cela contribue à votre identité numérique.

Le compromis entre connexion et confidentialité est subtil mais important. En apparence, vous partagez des moments avec vos amis. En arrière-plan, vous fournissez aux plateformes et aux annonceurs une carte comportementale détaillée de vos habitudes, intérêts, routines, personnalité, relations et même de votre santé mentale.

Comprendre comment gérer votre vie privée sur les réseaux sociaux ne signifie pas tout supprimer. Cela signifie reprendre le contrôle. Avec les bons paramètres, comportements et limites, vous pouvez profiter des avantages des réseaux sociaux tout en réduisant les risques.

Commencez par la visibilité de votre profil. Chaque plateforme propose des paramètres de confidentialité qui déterminent qui peut voir vos publications, photos, informations personnelles et liste d'amis. Vérifiez-les. Sur Facebook, par exemple, configurez votre profil afin que seuls vos amis puissent voir vos publications — et non le public ou les « amis d'amis ». Sur Instagram et TikTok, envisagez un compte privé si vous n'êtes pas une personnalité publique ou une entreprise. Sur LinkedIn, limitez la visibilité de votre profil aux personnes avec lesquelles vous êtes connecté, ou personnalisez ce que le public peut voir.

Évitez de partager des détails personnels dans votre biographie ou vos publications publiques. Des informations comme votre date de naissance complète, numéro de téléphone, adresse, école ou lieu de travail facilitent la tâche des voleurs d'identité. Même des détails apparemment anodins — comme le nom de votre animal ou votre groupe préféré — peuvent servir à deviner des réponses de récupération de mot de passe.

Examinez ensuite le partage de localisation. Beaucoup d'applications ajoutent automatiquement votre emplacement à vos publications. Si vous publiez régulièrement en temps réel depuis votre domicile, salle de sport ou école de vos enfants, vous donnez pratiquement une carte de votre quotidien à des inconnus. Désactivez la géolocalisation dans votre appareil photo et vos applications sociales, sauf nécessité. Si vous souhaitez partager des photos de voyage, attendez votre retour avant de les publier. Les données de localisation en temps réel représentent l'une des plus grandes vulnérabilités de sécurité pour les individus et les familles.

Soyez prudent avec les identifications et la reconnaissance faciale. Des plateformes comme Facebook et Instagram peuvent reconnaître automatiquement les visages et vous identifier dans des photos, même si vous ne les avez pas publiées. Cela crée une bibliothèque non officielle de votre visage à travers Internet. Désactivez la reconnaissance faciale et l'identification automatique dans les paramètres. Examinez aussi les identifications avant qu'elles apparaissent publiquement sur votre profil. Cela protège votre vie privée et votre réputation.

Vérifiez ensuite les connexions aux applications tierces. Vous avez probablement utilisé votre compte social pour vous connecter à d'autres applications ou sites. Bien que pratique, cette méthode donne souvent un accès complet à vos données de profil — parfois même aux données de vos amis. Supprimez l'accès aux applications que vous n'utilisez plus. Il est souvent plus sûr d'utiliser une adresse e-mail distincte ou un identifiant séparé.

Passez en revue votre historique de publications. Faites défiler vos anciens contenus et demandez-vous ce qu'un inconnu pourrait apprendre sur vous. Parlez-vous de vos routines, famille, opinions politiques ou finances ? Une personne pourrait-elle utiliser ces informations pour vous imiter ? Certaines plateformes permettent de supprimer ou archiver du contenu en masse. Profitez-en. Vous pouvez même télécharger une copie de vos données pour voir ce que la plateforme sait sur vous — souvent bien plus que prévu.

Parlons maintenant des messages privés. Beaucoup pensent que les messages directs sont réellement privés, mais la plupart des plateformes ont accès aux métadonnées — et parfois au contenu lui-même. Les applications appartenant à Meta, comme Facebook Messenger, Instagram DM et WhatsApp, peuvent analyser certains échanges à des fins de sécurité ou de ciblage publicitaire. Pour des conversations réellement privées, privilégiez des solutions chiffrées de bout en bout comme Signal, Telegram (mode secret uniquement) ou ProtonMail pour les e-mails.

Évitez de cliquer sur des liens ou pièces jointes provenant de sources inconnues, même si elles semblent venir d'un ami. Les réseaux sociaux sont un terrain fertile pour le phishing, où des comptes piratés diffusent des liens malveillants déguisés en vidéos amusantes, concours ou nouvelles choquantes.

Limitez les photos et vidéos partagées à ce qui est nécessaire. Chaque image contient des métadonnées (EXIF), comme la localisation, l'heure et les informations sur l'appareil utilisé. Certaines plateformes suppriment ces données, d'autres non. Avant de publier, envisagez de supprimer manuellement ces métadonnées.

Examinez attentivement les préférences publicitaires et le suivi. La plupart des plateformes vous permettent de voir comment elles vous catégorisent pour les annonceurs. Accédez aux paramètres publicitaires pour désactiver les publicités basées sur vos intérêts, supprimer certaines catégories et empêcher l'utilisation de votre activité sur d'autres sites. Cela ne supprime pas tout suivi, mais réduit fortement la personnalisation et l'exploitation de vos données.

N'oubliez pas que vos amis peuvent aussi compromettre votre vie privée. Si quelqu'un vous identifie dans une photo, raconte votre histoire ou publie une image où vous apparaissez, ce contenu peut être partagé, téléchargé ou reposté indéfiniment.

Discutez avec vos proches de ce que vous acceptez de rendre public.

Pour les parents, soyez particulièrement attentifs au « sharenting » — le partage excessif de photos et d'histoires concernant vos enfants. Même si cela semble innocent, cela crée une empreinte numérique avant même que l'enfant puisse choisir son image en ligne. Certaines personnes malveillantes récupèrent ces images pour des arnaques ou abus. Demandez-vous toujours : aimerais-je que cela reste en ligne pour toujours si j'étais à leur place ?

Enfin, comprenez que supprimer un compte ne signifie pas supprimer vos données. Les entreprises de réseaux sociaux conservent souvent vos informations pendant des mois, voire des années. Avant de supprimer un compte, téléchargez vos données et vérifiez ce qui est conservé. Certaines plateformes permettent une désactivation temporaire tout en gardant vos contenus hors ligne.

Les réseaux sociaux ne doivent pas forcément devenir un cauchemar pour votre vie privée. Mais cela demande discipline, conscience et approche proactive. La prochaine fois que vous publiez quelque chose, posez-vous cette question : « Est-ce que je partagerais cela si je savais exactement qui regarde ? » Si la réponse est non, réfléchissez-y à deux fois. Si la réponse est oui — au moins, vous choisissez en connaissance de cause.

Dans le prochain chapitre, nous aborderons la navigation privée et les moteurs de recherche — vos outils pour naviguer sur Internet sans être constamment observé.

Lena et les réseaux sociaux

Lena adorait les réseaux sociaux. En tant que blogueuse lifestyle et influenceuse en devenir, c'était son terrain de jeu, sa scène et sa source de revenus. Elle publiait chaque jour : recettes de smoothies, selfies à la salle de sport, vidéos de voyage, tenues du jour. Ses abonnés adoraient sa transparence. « Merci d'être toujours authentique ! » écrivaient-ils. Elle diffusait même certaines parties de sa journée en direct, répondant aux questions tout en faisant ses courses ou en allant chercher ses enfants à l'école.

Elle ne se considérait pas comme imprudente — seulement authentique. Mais cette authenticité eut un coût qu'elle n'avait jamais imaginé.

Tout commença par des messages étranges. D'abord quelques DM anonymes demandant les prénoms de ses enfants. Puis un commentaire apparut sous une publication : « Belle séance de sport. Je vous ai vue mardi dernier — même sweat rose, non ?

» Elle rit au début. Puis elle reçut un e-mail d'un prétendu fan mentionnant sa rue. Puis le café où elle allait chaque lundi.

À ce moment-là, son sourire disparut.

Elle commença à se sentir observée.

La situation empirait. Un homme se présenta à sa salle de sport et demanda si Lena était là. Il connaissait son nom, son entraîneur, ses habitudes. La sécurité le fit sortir, mais le malaise resta. Ce soir-là, elle parcourut son profil : géolocalisations, check-ins, routines visibles, amis identifiés, anniversaires — tout était public.

Elle avait créé une carte numérique complète de sa vie.

Le lendemain matin, Lena fit quelque chose qu'elle n'avait jamais fait auparavant : elle ouvrit les paramètres de confidentialité de chacune de ses plateformes. Elle fut choquée. Son Instagram était totalement ouvert. Tout le monde pouvait voir ses publications, stories et identifications. Son Facebook affichait son numéro de téléphone, sa date de naissance et sa ville natale. Sur TikTok, ses likes et vidéos sauvegardées étaient publics. Elle avait autorisé des dizaines d'applications tierces au fil des années — dont certaines qu'elle ne reconnaissait même plus.

Elle commença à supprimer.

Elle passa son Instagram en privé, supprima ses coordonnées personnelles et activa la validation manuelle des identifications. Elle retira des centaines d'abonnés inconnus. Elle désactiva la géolocalisation et archiva les publications révélant l'école de ses enfants. Sur Facebook, elle réduisit son profil à l'essentiel : prénom, activité professionnelle et photo de profil. Tout le reste fut masqué.

Elle s'occupa ensuite de ses messages privés. Elle cessa d'accepter les demandes provenant d'inconnus et utilisa Signal pour les conversations importantes. Elle publia une vidéo expliquant ses nouvelles limites. « J'adore partager ma vie avec vous », dit-elle, « mais j'ai compris que je devais aussi la protéger. »

Lena continua de publier — mais différemment. Elle utilisa des légendes plus générales, évita de publier en temps réel et attendit son retour de voyage avant de partager des photos. Elle réserva certains contenus exclusifs à une liste e-mail privée.

Elle parla aussi de limites avec son mari et ses enfants. Plus de publications sans consentement. Plus de photos familiales géolocalisées. Plus de détails sur leur domicile. Cela sembla restrictif au début — puis cela ressemblait à de la liberté.

Quelques mois plus tard, elle partagea son histoire lors d'un événement professionnel féminin. « Je pensais que trop partager créait de la connexion », expliqua-t-elle. « Mais la vraie connexion commence par la sécurité. Si vous ne protégez pas votre espace numérique, vous ne protégez pas votre vie. »

Elle reçut une ovation — et des dizaines de messages de personnes réalisant soudain tout ce qu'elles exposaient. Une femme lui dit : « Je ne savais pas que je donnais autant d'informations... merci de m'avoir montré comment reprendre le contrôle. »

Lena continua à développer sa marque — mais avec plus de clarté. Les réseaux sociaux restaient une partie de son activité, mais n'étaient plus son journal intime. Elle choisissait quoi partager, quand et avec qui. Ce n'était pas être secrète — c'était être intentionnelle.

Aujourd'hui, Lena publie toujours régulièrement. Son audience continue de grandir. Mais sa présence en ligne est désormais maîtrisée, sécurisée et fondée sur le respect de soi. Son message est simple : vous n'avez pas besoin de disparaître pour être en sécurité. Vous devez simplement arrêter de donner aux inconnus une carte de votre vie.

Chapitre 6 : Navigation privée et moteurs de recherche privés

Chaque fois que vous ouvrez un navigateur et effectuez une recherche — qu'il s'agisse d'une question de santé, d'un outil financier ou du meilleur restaurant thaïlandais de votre quartier — vous laissez une trace. Cette trace comprend vos termes de recherche, votre historique de navigation, votre localisation, le type d'appareil utilisé, le temps passé sur les pages et bien plus encore. Ces données sont collectées, analysées et partagées à travers d'innombrables réseaux. Dans la plupart des cas, l'objectif est publicitaire. Mais dans d'autres, cela peut servir à la surveillance, à la manipulation ou même à l'exploitation criminelle.

Beaucoup pensent que le « mode navigation privée » ou « mode incognito » rend leur activité invisible. C'est un mythe. La navigation privée empêche simplement votre navigateur d'enregistrer localement l'historique et les cookies sur votre appareil. Elle ne cache pas votre activité aux sites web, à votre fournisseur d'accès Internet, à votre employeur (si vous utilisez un appareil professionnel) ou aux autorités. Pour une véritable confidentialité, il faut aller plus loin.

Commençons par les modes de navigation privée, souvent utilisés sans réelle compréhension. Dans Google Chrome, Mozilla Firefox, Safari et Microsoft Edge, la navigation privée empêche le stockage des cookies, du cache et de l'historique localement. Cela peut être utile pour se connecter à plusieurs comptes ou utiliser un ordinateur partagé, mais cela n'empêche pas les traceurs, scripts tiers ou empreintes numériques du navigateur. Considérez cela comme le fait d'effacer vos empreintes sur votre propre chemin — sans pour autant disparaître de l'environnement qui vous entoure.

Si vous souhaitez réduire le suivi en ligne, utilisez un navigateur axé sur la confidentialité. Parmi les meilleurs choix figurent Brave, Mozilla Firefox (avec paramètres renforcés) et Tor Browser.

Brave bloque automatiquement les publicités et traceurs tiers, améliore les connexions HTTPS et offre une protection contre l'empreinte numérique. Il inclut également un mode privé avec Tor.

Mozilla Firefox peut être personnalisé avec des extensions et des paramètres stricts de protection contre le pistage. Il est open source, activement maintenu et ne partage pas vos données avec les annonceurs.

Tor Browser est considéré comme la référence en matière d'anonymat. Il fait transiter votre trafic via plusieurs serveurs bénévoles (nœuds), chiffrant vos données à chaque étape. Cependant, il est plus lent et certains sites fonctionnent mal avec ses protections agressives.

Pour la plupart des utilisateurs, passer de Chrome à Brave ou Firefox constitue déjà une amélioration majeure sans compromettre la facilité d'utilisation.

Parlons maintenant des moteurs de recherche. Google domine le marché mais est connu pour sa collecte massive de données. Chaque recherche est enregistrée et liée à votre adresse IP, localisation et profil utilisateur (si vous êtes connecté). Ces données servent à personnaliser les publicités, créer des profils comportementaux et influencer les résultats affichés.

À la place, utilisez des moteurs de recherche respectueux de la vie privée :

DuckDuckGo ne suit ni n'enregistre votre historique de recherche. Les annonces sont basées sur les mots-clés, non sur votre profil.

Startpage récupère les résultats de Google mais supprime toutes les informations d'identification de votre requête. Il agit comme un filtre de confidentialité.

Brave Search est un moteur de recherche indépendant qui ne suit pas ses utilisateurs.

Mojeek est l'un des rares moteurs à posséder son propre index indépendant, sans dépendance envers Google ou Bing.

Changer le moteur de recherche par défaut de votre navigateur ou de votre appareil est une étape puissante. Cela garantit que chaque recherche commence avec la confidentialité comme priorité.

Parlons aussi des extensions de navigateur. Ces petits modules peuvent considérablement renforcer votre protection en ligne. Parmi les plus recommandées :

uBlock Origin — bloque efficacement publicités et traceurs.
Privacy Badger — développée par l'Electronic Frontier Foundation, elle détecte et bloque les traceurs invisibles.
HTTPS Everywhere — force les connexions chiffrées lorsque possible.
ClearURLs — supprime automatiquement les codes de suivi des liens.
Decentraleyes — réduit les requêtes vers des serveurs tiers en fournissant localement des bibliothèques web.

Ces outils fonctionnent discrètement en arrière-plan pour limiter la surveillance. Soyez toutefois sélectif : trop d'extensions peuvent ralentir votre navigateur ou créer de nouveaux risques.

Une autre couche de protection importante est le VPN. Un réseau privé virtuel chiffre votre trafic Internet et masque votre adresse IP, empêchant votre fournisseur d'accès ou les utilisateurs d'un Wi-Fi public de surveiller votre activité. Un bon VPN empêche également les sites de connaître votre véritable localisation.

Parmi les fournisseurs réputés : Proton VPN, Mullvad VPN, IVPN et NordVPN. Méfiez-vous des VPN gratuits : si vous ne payez pas le produit, vous êtes peut-être le produit.

Pour aller plus loin, combinez VPN, navigateur privé et moteur de recherche sécurisé. Par exemple : Firefox avec paramètres stricts + Startpage + VPN créent une excellente protection pour une navigation quotidienne.

Une technique souvent oubliée est l'isolation des navigateurs. Utilisez différents navigateurs selon vos activités :

Firefox pour les réseaux sociaux
Brave pour la navigation générale
Tor pour les recherches sensibles
Un profil séparé pour le travail et la vie personnelle

Cette séparation limite la quantité d'informations qu'une seule plateforme peut accumuler sur vous.

Enfin, pensez à l'empreinte numérique du navigateur. Même sans cookies ni adresse IP visible, les sites peuvent vous identifier grâce à la résolution de votre écran, vos polices installées, fuseau horaire, version du navigateur et autres détails techniques. Plus votre configuration est unique, plus elle est facile à reconnaître.

Pour réduire cela, utilisez des outils comme CanvasBlocker, Trace ou le navigateur Tor. Brave inclut déjà une protection intégrée contre l'empreinte numérique.

Voici une liste simple pour améliorer votre confidentialité en ligne :

Passez à un navigateur privé (Brave, Firefox, Tor)
Utilisez un moteur de recherche respectueux de la vie privée (DuckDuckGo, Startpage)
Ajoutez des extensions anti-traceurs (uBlock Origin, Privacy Badger)
Utilisez un VPN sur tous vos appareils, surtout sur les Wi-Fi publics
Désactivez la localisation et l'accès caméra dans votre navigateur

Évitez de rester connecté à des comptes inutilement
Utilisez plusieurs navigateurs pour séparer vos activités
Restez attentif aux empreintes numériques et fuites de métadonnées

La confidentialité sur le web ne consiste pas à vivre dans la peur — mais à choisir quand et comment vous souhaitez être visible. Dans le prochain chapitre, nous explorerons les communications privées : comment protéger vos messages, e-mails et appels des regards indiscrets.

L'histoire d'Eli et Chrome

Eli était un homme discret — ingénieur travaillant à distance, vivant modestement et gardant ses distances. Mais en ligne, il était curieux. Il lisait sur tout : mouvements politiques obscurs, climat, médecine alternative, cryptomonnaies. Il adorait plonger dans des « terriers de lapin » numériques tard le soir.

Un soir, après avoir regardé un documentaire sur le capitalisme de surveillance, Eli devint méfiant. Il rechercha « comment Google suit les utilisateurs », puis « empreinte numérique du navigateur », puis « comment naviguer en privé ». Les résultats furent troublants. Son navigateur préféré — Chrome — enregistrait tout. Son historique contenait des années de recherches, certaines personnelles, d'autres étranges, presque oubliées. Son compte Google était synchronisé sur son téléphone, ordinateur portable et même sa télévision connectée. Chaque mouvement en ligne nourrissait un profil numérique grandissant.

Il n'avait rien fait de mal, mais l'idée qu'un portrait psychologique complet de son comportement puisse exister le mettait mal à l'aise. Les publicités le poursuivaient depuis des années — il comprenait enfin pourquoi. Il n'était pas seulement un utilisateur. Il était une donnée.

La goutte d'eau arriva lorsqu'il chercha des symptômes médicaux. Pendant des semaines, il vit apparaître des annonces pour des traitements et cliniques. Il avait l'impression que ses peurs privées étaient revendues.

Cette nuit-là, Eli changea ses habitudes.

Il téléchargea Brave. Immédiatement, son expérience web sembla plus propre. Moins de publicités. Plus de vidéos étranges qui se lançaient seules. Les pages chargeaient plus vite. Ensuite, il remplaça son moteur de recherche par DuckDuckGo. Plus de suggestions basées sur son historique. Plus de personnalisation. Juste des résultats bruts.

Puis il ouvrit les paramètres de Chrome. Historique vieux de trois ans. Cartes bancaires enregistrées. Historique complet des téléchargements. Des dizaines de cookies provenant de sites oubliés. Il supprima tout. C'était comme faire le ménage dans une maison devenue encombrée sans qu'il ne s'en rende compte.

Mais Eli ne s'arrêta pas là.

Il installa uBlock Origin, Privacy Badger et HTTPS Everywhere. Il utilisa Firefox pour ses activités liées à son identité — banque, impôts, travail. Brave servait à la navigation générale. Pour les recherches sensibles, il utilisa Tor Browser. Lent, mais efficace.

Pour aller plus loin, Eli souscrivit à Mullvad VPN. Désormais, son adresse IP était masquée partout. Il configura même le VPN pour se lancer automatiquement au démarrage.

Il découvrit ensuite l'empreinte numérique. Il testa son navigateur sur le site « Am I Unique? ». Résultat : son navigateur possédait une empreinte unique. Même sans cookies, il restait identifiable. Cela le poussa à utiliser CanvasBlocker et Trace. Il ajusta progressivement les paramètres jusqu'à trouver un équilibre entre confidentialité et confort.

Au début, cela lui semblait excessif. Puis il remarqua quelque chose : les publicités n'étaient plus étrangement précises. YouTube ne semblait plus lire dans ses pensées. Les résultats de recherche étaient redevenus neutres. Il n'était plus guidé, manipulé ou profilé. Il était devenu invisible — non parce qu'il se cachait, mais parce qu'il avait repris le contrôle.

Un week-end, un ami lui demanda d'utiliser son ordinateur. En ouvrant Google, aucune suggestion, aucun compte prérempli, aucun site enregistré n'apparut. « Ton Internet ressemble à une ville fantôme », plaisanta-t-il.

Eli sourit. « C'est exactement le but. »

Quelques mois plus tard, Eli donna une conférence dans une bibliothèque locale sur la confidentialité numérique. Il montra deux navigateurs côte à côte — l'un par défaut, l'autre sécurisé. La différence en matière de traceurs et de publicités était impressionnante.

« Vous n'avez pas besoin de vivre hors réseau », expliqua-t-il. « Vous devez simplement arrêter de donner la clé de votre porte d'entrée. »

Quand on lui demanda ce qui était le plus difficile, il répondit : « Renoncer à un peu de confort. Mais une fois fait, j'ai compris combien Internet est plus agréable lorsqu'il ne vous observe pas. »

Aujourd'hui, Eli continue de naviguer, chercher et explorer — mais selon ses propres règles. Il sait que la confidentialité n'est pas de la paranoïa. C'est une tranquillité d'esprit. La liberté d'explorer sans devenir un produit. Et pour lui, cela vaut chaque clic supplémentaire.

Chapitre 7 : Messagerie, e-mails et communication sécurisée

La communication privée est l'un des aspects les plus essentiels — et souvent les plus négligés — de la confidentialité en ligne. Beaucoup de personnes pensent que leurs SMS, e-mails et appels sont sécurisés, alors que de nombreuses plateformes populaires n'ont pas été conçues avec la protection de la vie privée comme priorité. Si vous utilisez des services classiques comme les SMS standards, Gmail ou Facebook Messenger, vos conversations peuvent être analysées, stockées ou même revendues.

Que vous discutiez de finances, de santé, de stratégies professionnelles ou simplement avec vos proches, vous avez droit à la confidentialité. Protéger vos communications ne nécessite pas d'être expert en cybersécurité — il suffit d'utiliser des plateformes qui privilégient le chiffrement, la transparence et le contrôle utilisateur.

Commençons par les applications de messagerie. Les SMS traditionnels figurent parmi les moyens de communication les moins sécurisés. Ils ne sont pas chiffrés de bout en bout, ce qui signifie que votre opérateur — et parfois des pirates ou autorités — peut accéder au contenu. Même iMessage, bien qu'il soit chiffré entre appareils Apple, présente des vulnérabilités si les sauvegardes iCloud ne sont pas chiffrées.

Pour une communication réellement privée, privilégiez les applications chiffrées de bout en bout. Les meilleures options incluent :

Signal — Open source, gratuit et largement reconnu. Il offre un chiffrement complet pour les messages, appels vocaux, vidéos et groupes. Il stocke très peu de métadonnées et ne conserve pas le contenu des messages.

Telegram (mode Secret Chat uniquement) — Les conversations classiques sont stockées dans le cloud et non chiffrées de bout en bout. En revanche, les « discussions secrètes » offrent un chiffrement et des messages auto-destructibles.

WhatsApp — Fournit un chiffrement de bout en bout par défaut, mais appartenant à Meta, il partage certaines métadonnées avec sa société mère.

Threema — Application payante axée sur la confidentialité, avec utilisation anonyme et serveurs situés en Suisse.

Parmi elles, Signal est souvent considéré comme la référence grâce à sa transparence et son engagement envers la vie privée.

Il permet aussi les messages temporaires, les verrous biométriques et les sauvegardes chiffrées.

Passons maintenant aux e-mails. Les fournisseurs classiques comme Gmail, Yahoo Mail ou Outlook sont pratiques, mais analysent souvent vos e-mails. Même si le contenu n'est pas lu directement, les pièces jointes, métadonnées et informations peuvent être indexées pour alimenter des algorithmes publicitaires.

Pour renforcer votre confidentialité, utilisez des services d'e-mail chiffrés tels que :

ProtonMail — Basé en Suisse, il propose un chiffrement de bout en bout, aucune journalisation d'adresse IP et une inscription anonyme. Il inclut aussi calendrier et stockage sécurisé.

Tutanota — Offre e-mails, contacts et calendriers chiffrés, sans publicité et avec des politiques strictes de confidentialité.

Mailfence — Solution sécurisée incluant chiffrement, calendrier et signature numérique, idéale pour les professionnels.

La plupart de ces services utilisent le chiffrement PGP ou des technologies propriétaires pour garantir que seul l'expéditeur et le destinataire puissent lire le message.

Vous pouvez encore améliorer votre confidentialité e-mail en :

Utilisant des alias via des services comme SimpleLogin ou AnonAddy
Évitant l'e-mail sur Wi-Fi public sans VPN
Activant l'authentification à deux facteurs (2FA)
Évitant l'e-mail pour les contenus très sensibles lorsque Signal est disponible

Pour les profils à haut risque — journalistes, militants ou professionnels manipulant des données confidentielles — combiner e-mail chiffré, domaine personnalisé et serveur de messagerie propre peut offrir davantage de contrôle.

Parlons maintenant des appels vocaux et vidéo. Beaucoup pensent que les appels sont privés, mais les appels standards peuvent être interceptés. Des outils comme Zoom, Skype ou FaceTime offrent différents niveaux de sécurité, mais pas toujours un chiffrement complet.

À la place, utilisez des applications comme Signal ou Jitsi Meet pour les appels sécurisés. Signal chiffre les appels automatiquement. Jitsi est open source et permet des conférences vidéo sans inscription.

Abordons maintenant les métadonnées. Même si le contenu de vos messages est chiffré, des informations comme la personne contactée, l'heure et la durée sont souvent enregistrées. Ces données révèlent beaucoup sur vos habitudes, localisation et réseau social. Signal et ProtonMail limitent fortement ces données, contrairement à la plupart des services classiques.

Pour réduire l'exposition des métadonnées :

Utilisez des applications limitant les journaux (Signal, Threema)
Désactivez les confirmations de lecture et indicateurs de saisie
Évitez d'associer votre numéro si ce n'est pas obligatoire
Utilisez des alias e-mail et pseudonymes
Désactivez la synchronisation automatique des contacts

Vous devez aussi contrôler le stockage des messages. Beaucoup ignorent que des messages supprimés peuvent encore exister dans des sauvegardes cloud, captures d'écran ou exports de discussion. Pour limiter cela :

Activez les messages temporaires (Signal, WhatsApp, Telegram)
Désactivez les sauvegardes cloud ou utilisez un stockage chiffré

Supprimez régulièrement vos historiques
Sensibilisez vos contacts à la sécurité

Soyez prudent avec les groupes de discussion, plus difficiles à protéger. Si un membre a une mauvaise hygiène numérique ou conserve des captures, tout le groupe peut être compromis.

N'oubliez pas non plus les traqueurs dans les e-mails. De nombreuses newsletters utilisent des pixels invisibles pour savoir quand vous ouvrez un message, depuis quel appareil et où vous vous trouvez. Pour limiter cela :

Utilisez des extensions comme Trocker ou uBlock Origin
Désactivez le chargement automatique des images
Ouvrez les e-mails marketing en texte brut lorsque possible

Voici votre checklist de communication sécurisée :

Utilisez Signal pour les messages, appels et vidéos
Utilisez ProtonMail ou Tutanota pour les e-mails sensibles
Évitez les SMS et Gmail pour les sujets privés ou juridiques
Activez messages temporaires, verrouillage d'écran et 2FA
Désactivez confirmations de lecture et synchronisation de contacts
Évitez les Wi-Fi publics sans VPN
Réduisez les sauvegardes et l'archivage des conversations sensibles

La confidentialité dans la communication ne consiste pas seulement à éviter l'espionnage — elle consiste à retrouver l'intimité, la confiance et l'autonomie dans un monde qui profite de vos conversations.

Dans le prochain chapitre, nous aborderons la protection de votre identité et de vos finances contre les arnaques, violations de données et vols.

L'histoire d'Amira et de la double authentification

Amira était consultante freelance, travaillant avec des clients du monde entier. Elle avait construit son activité grâce à Zoom, Gmail, Google Docs et WhatsApp. La communication était essentielle. Toujours joignable, elle envoyait des messages tard le soir, répondait à des e-mails internationaux et jonglait entre plateformes. C'était rapide... mais vulnérable.

Elle ne pensait pas beaucoup à la confidentialité jusqu'au jour où elle reçut un étrange e-mail d'un client britannique : « Juste pour confirmer — as-tu vraiment renvoyé ce contrat ? Quelque chose semble étrange. » En pièce jointe se trouvait une proposition qu'elle avait envoyée des semaines auparavant. Mais elle avait été modifiée. La signature semblait étrange. Les informations de paiement avaient changé. Quelqu'un avait copié son message et l'avait renvoyé depuis une adresse ressemblant à la sienne — avec une seule lettre différente.

L'escroc surveillait ses conversations et s'était glissé dans le fil sans qu'elle ni son client ne s'en aperçoivent. Elle eut un choc. Quelqu'un lisait-il ses e-mails ? Depuis combien de temps ?

Elle vérifia immédiatement son compte Gmail. Là, elle découvrit une règle de transfert automatique vers une adresse inconnue. Sa boîte mail avait été compromise. Elle n'avait jamais activé la double authentification. Son mot de passe était ancien et réutilisé. Elle ignorait depuis combien de temps quelqu'un l'espionnait.

Amira était furieuse — et honteuse.

Elle changea immédiatement tous ses mots de passe et activa la 2FA partout. Mais cela ne suffisait pas. La confiance avait été brisée. Elle décida alors de reconstruire sa communication numérique autour de la confidentialité.

Elle commença par créer un compte sur ProtonMail. Quitter Gmail semblait étrange — tant de choses y étaient stockées. Mais ProtonMail était simple, propre et chiffré. Elle créa une nouvelle adresse pour les échanges sensibles et informa ses clients : « Pour votre sécurité et la mienne, j'utiliserai désormais une messagerie chiffrée. »

Ensuite, elle téléchargea Signal. Au départ, elle pensait qu'il s'agissait simplement d'une autre application. Rapidement, cela devint sa préférée. Rapide, claire et privée par défaut. Elle invita progressivement ses clients et collaborateurs à l'utiliser. Certains hésitèrent, mais lorsqu'elle expliqua ce qui s'était passé, ils comprirent. « Nous aurions dû faire cela plus tôt », dit l'un d'eux.

Elle installa aussi Jitsi Meet pour ses appels vidéo. Pas de téléchargement, pas de suivi, pas d'inscription. Ce n'était pas aussi sophistiqué que Zoom, mais cela respectait sa vie privée. Pour les grands projets, elle utilisait encore des outils classiques, mais avec prudence : mots de passe, salles d'attente et liens uniques.

Pour éviter l'usurpation d'identité par e-mail, elle acheta un domaine personnalisé et sécurisa ses paramètres DNS et SPF. Cela renforça son image professionnelle et son contrôle.

Elle apprit aussi à repérer les tentatives de phishing. Elle ne cliquait plus sur les liens d'e-mails sans vérification, confirmait les paiements par téléphone et désactiva le chargement automatique des images. Elle créa même un alias e-mail pour les inscriptions marketing.

Un soir, assise devant son tableau de bord — Signal, ProtonMail, Jitsi, SimpleLogin — elle réalisa que tout était enfin organisé. Pas de publicité. Pas de traceur. Pas de surprises.

Sa mentalité avait changé. La confidentialité n'était plus optionnelle. Elle faisait partie de son professionnalisme et de son intégrité. Comme une ceinture de sécurité, ce n'était pas une question de peur — mais de responsabilité.

Amira ne garda pas son expérience pour elle. Elle donna une conférence intitulée « Comment communiquer sans être suivi ». Des centaines de freelances y participèrent. Elle montra comment configurer une messagerie chiffrée, utiliser Signal et protéger une boîte de réception. Les questions affluèrent. Une participante écrivit : « Je ne savais même pas à quel point j'étais exposée. Merci. »

Avec le recul, cette attaque fut un tournant. Ce n'était pas seulement stopper une arnaque — c'était redéfinir ses limites. Aujourd'hui, Amira travaille avec plus de clients que jamais — mais selon ses propres règles. Sa communication est intentionnelle, chiffrée et sécurisée.

Parce qu'aujourd'hui, lorsqu'elle clique sur « envoyer », elle sait exactement qui recevra le message — et qui ne le recevra pas.

Chapitre 8 : Vol d'identité et confidentialité financière

Votre identité est l'un de vos biens les plus précieux — et à l'ère numérique, c'est aussi l'un des plus vulnérables. Avec seulement quelques informations — votre nom, date de naissance, adresse et numéro de sécurité sociale — un cybercriminel peut demander un prêt, ouvrir une carte de crédit, déposer une fausse déclaration fiscale ou vider votre compte bancaire. Le vol d'identité touche des millions de personnes chaque année et passe souvent inaperçu jusqu'à ce que des dommages financiers importants soient causés.

Même s'il est impossible de se protéger totalement contre le vol d'identité, vous pouvez devenir une cible beaucoup plus difficile. La protection de votre vie financière nécessite une stratégie multicouche comprenant la sécurité des comptes, une surveillance proactive, la réduction des données partagées et de bonnes habitudes numériques.

Commençons par les bases : qu'est-ce que le vol d'identité ? Il se produit lorsqu'une personne utilise vos données personnelles sans votre permission, généralement dans un but financier. Les formes les plus courantes incluent :

Ouverture de comptes de crédit à votre nom
Déclarations fiscales frauduleuses pour obtenir des remboursements
Vol de prestations médicales
Demandes d'aides gouvernementales
Utilisation de votre identité pour commettre des crimes ou échapper aux autorités

Les cybercriminels obtiennent ces informations par divers moyens : phishing, fuites de données, logiciels malveillants, vol de courrier ou ingénierie sociale. Mais de plus en plus, le vol d'identité commence avec des informations que vous partagez sans le savoir via les réseaux sociaux, formulaires en ligne ou sites non sécurisés.

Commencez par protéger vos identifiants sensibles. Votre numéro de sécurité sociale, votre date de naissance et vos documents d'identité ne devraient jamais être saisis sur des sites non vérifiés. Évitez d'envoyer par e-mail des documents contenant des informations personnelles — surtout pour des demandes de prêt, d'emploi ou de logement. Utilisez plutôt des services de partage sécurisés ou des pièces jointes chiffrées.

Ensuite, concentrez-vous sur la sécurité de vos comptes financiers. Chaque compte bancaire, carte de crédit ou investissement devrait inclure :

Un mot de passe fort et unique
L'authentification à deux facteurs (2FA)
Des alertes de connexion, de transaction et de modification de mot de passe
Des options de récupération mises à jour régulièrement

Soyez prudent lorsque vous connectez vos comptes financiers à des applications tierces. Vérifiez toujours qu'elles utilisent un chiffrement de niveau bancaire et disposent d'une politique de confidentialité claire. En cas de doute, accédez à vos comptes directement via le site officiel ou l'application de l'institution.

L'un des outils les plus puissants reste la surveillance et le gel de crédit. Aux États-Unis, vous avez droit chaque année à un rapport gratuit auprès des trois principaux bureaux : Equifax, Experian et TransUnion via AnnualCreditReport.com. Vérifiez ces rapports pour repérer des comptes inconnus, demandes suspectes ou erreurs.

Pour une protection renforcée, envisagez un gel de crédit. Cela empêche l'accès à votre dossier, rendant difficile l'ouverture de nouveaux comptes à votre nom. Vous pouvez lever temporairement ce gel lorsque vous avez besoin d'un crédit légitime.

Si vous n'êtes pas prêt pour un gel complet, mettez au moins une alerte de fraude. Celle-ci oblige les créanciers à vérifier votre identité avant d'ouvrir un nouveau compte.

Soyez proactif avec les outils de surveillance d'identité. Des services comme Aura, IdentityForce ou LifeLock surveillent les changements de crédit, les fuites sur le dark web, les registres publics et les activités financières. Certaines banques incluent désormais ces services gratuitement.

Un autre risque souvent oublié vient des courtiers en données et des registres publics. Des sites comme Spokeo, Whitepages et PeopleFinder collectent vos informations à partir de sources publiques et les revendent. Vous pouvez généralement demander leur suppression manuellement. Des services comme PrivacyDuck et DeleteMe peuvent gérer cela pour vous.

Parlons maintenant des achats en ligne et de la confidentialité des paiements. Évitez d'entrer vos coordonnées bancaires sur des sites inconnus ou non sécurisés. Vérifiez la présence de HTTPS dans l'URL et la réputation du site. Lorsque possible, utilisez :

Des cartes virtuelles — numéros temporaires masquant votre véritable carte

Des applications de paiement sécurisées comme Apple Pay, Google Pay ou PayPal
Des cartes prépayées pour les transactions à faible risque

Ces outils réduisent les risques d'exposition de votre véritable numéro de carte.

Soyez extrêmement vigilant face au phishing. Les escroqueries peuvent arriver par e-mail, SMS ou téléphone, prétendant provenir de votre banque, du fisc ou de marques populaires. Ne cliquez jamais sur des liens suspects et ne fournissez pas d'informations personnelles si vous n'avez pas initié le contact. Accédez toujours directement au site officiel.

Envisagez également de créer des adresses e-mail distinctes pour vos comptes financiers et votre usage général. Cela limite l'exposition et facilite la détection d'activités suspectes. Utilisez des alias via des services comme SimpleLogin.

Si vous stockez des documents financiers dans le cloud — via Google Drive, Dropbox ou iCloud — protégez-les avec 2FA, chiffrement et partage limité. Évitez de stocker des déclarations fiscales ou scans d'identité non chiffrés sur des appareils partagés.

Et si votre identité est volée ?

Agissez immédiatement :

Déposez un rapport sur IdentityTheft.gov
Contactez les institutions concernées pour bloquer ou fermer les comptes
Placez une alerte de fraude ou un gel de crédit auprès des trois bureaux
Déposez une plainte policière si nécessaire
Conservez toutes les preuves et communications

Le coût émotionnel du vol d'identité est souvent élevé. Les victimes parlent de honte, colère ou sentiment d'impuissance. Mais être préparé réduit à la fois le risque et le temps de récupération.

En résumé, votre stratégie de protection devrait inclure :

Sécurité des comptes (mots de passe, 2FA, alertes)
Surveillance et gel de crédit
Suppression des données auprès des courtiers
Méthodes de paiement sécurisées
Sensibilisation au phishing
Stockage cloud chiffré
Plan d'action en cas d'incident

Dans le monde numérique, protéger votre identité revient à protéger votre liberté. Ce n'est pas vivre dans la peur — c'est vivre préparé.

Dans le prochain chapitre, nous verrons comment protéger la vie privée des familles et des enfants, et instaurer des habitudes numériques saines à la maison.

Parlons maintenant d'une histoire unique.

Thomas n'aurait jamais imaginé se faire voler son identité — surtout avant le petit-déjeuner. Tout commença par un SMS de sa banque à 6 h 13 : « Avez-vous tenté un virement de 4 200 $? » Encore à moitié endormi, il fixa l'écran, figé. Il n'avait rien demandé. Il ouvrit son application bancaire et découvrit que son compte était verrouillé. La panique s'installa immédiatement.

Dans les heures qui suivirent, le cauchemar se révéla. Quelqu'un avait ouvert une carte de crédit à son nom. Une demande de prêt avait été faite avec son numéro de sécurité sociale. Pire encore, son compte bancaire avait été compromis à partir d'identifiants récupérés lors d'une fuite de données d'un magasin où il n'avait pas acheté depuis des années. Un criminel avait reconstitué suffisamment d'informations personnelles — via anciens comptes, réseaux sociaux et formulaires — pour se faire passer pour lui.

Thomas se sentit violé. Pas seulement financièrement, mais personnellement. Quelqu'un avait enfilé son identité numérique et s'était approprié une partie de sa vie.

Il s'était toujours considéré comme prudent. Il ne partageait pas trop en ligne et évitait les arnaques évidentes. Mais il comprit que prudence ne signifiait pas protection.

Ce soir-là, Thomas s'assit à son bureau et commença à reconstruire sa vie numérique — étape par étape.

Il gela son crédit auprès d'Experian, Equifax et TransUnion. En une vingtaine de minutes, personne — pas même lui — ne pouvait ouvrir une nouvelle ligne de crédit sans lever le gel. Il activa aussi des alertes de fraude.

Ensuite, il créa un compte sur AnnualCreditReport.com et téléchargea ses rapports. Il découvrit cinq demandes suspectes. Il contesta chacune d'elles et soumit une déclaration via IdentityTheft.gov.

Thomas passa ensuite en revue tous ses comptes financiers. Il changea ses mots de passe, activa la 2FA et supprima les anciennes adresses e-mail. Il activa des alertes de connexion et de transaction.

Puis il s'attaqua aux courtiers en données. Il chercha son nom sur Whitepages, Spokeo et MyLife. Il fut choqué de voir son nom complet, ses anciennes adresses, ses numéros de téléphone et même les noms de ses proches. Il passa un week-end entier à demander la suppression de ses données.

Il adopta ensuite un gestionnaire de mots de passe et des identifiants uniques pour chaque compte. Il utilisa des cartes virtuelles pour les achats en ligne et créa une adresse privée sur ProtonMail pour ses finances.

Plus tard, Thomas participa à un atelier local de cybersécurité. Il n'était pas seul. Beaucoup avaient vécu des situations similaires. Pendant une séance de questions-réponses, il déclara : « Le plus effrayant, c'est que je ne savais même pas que j'étais vulnérable. Je n'étais pas imprudent — je n'étais juste pas préparé. »

Avec le temps, Thomas devint une référence en matière de confidentialité dans son entourage. Il apprit à sa famille à geler son crédit, montra à sa sœur comment utiliser des alias e-mail et aida ses parents à nettoyer leur présence en ligne.

Quelques mois plus tard, il reçut une lettre d'une banque refusant une demande de prêt frauduleuse : « Demande refusée pour incompatibilité d'identité. » Il sourit. Ses protections fonctionnaient enfin.

Thomas n'oublia jamais la sensation d'avoir été pris au dépourvu. Mais il n'oublia pas non plus le sentiment de reprendre le contrôle.

Pour lui, la confidentialité n'était pas une façon de se cacher. C'était une façon de rester debout. De protéger les fondations de son identité — son nom, sa voix, ses choix — avant que quelqu'un d'autre ne tente de les lui voler.

Chapitre 9 : La confidentialité en ligne pour les familles et les enfants

Dans le foyer moderne, la confidentialité n'est pas seulement une préoccupation d'adulte — c'est une affaire de famille. Les enfants grandissent dans un monde numérique où leurs habitudes, préférences, voix, images et même données biométriques sont collectées dès le plus jeune âge. Que ce soit à travers des applications éducatives, des jouets connectés, des chaînes YouTube ou les réseaux sociaux, les enfants sont suivis — souvent sans comprendre les risques ni donner un véritable consentement.

En tant que parent ou tuteur, protéger la vie privée de votre enfant peut sembler écrasant. Pourtant, avec les bons outils, la sensibilisation et des limites claires, vous pouvez créer un environnement numérique qui permet à vos enfants d'explorer en toute sécurité tout en gardant leurs informations personnelles hors de portée des mauvaises personnes.

Commencez par comprendre l'ampleur de la collecte de données sur les plateformes destinées aux enfants. De nombreuses applications et sites suivent les comportements, habitudes d'utilisation et parfois même les frappes clavier. Certains collectent des données de localisation, des enregistrements vocaux ou l'accès à la caméra. Bien que des lois comme le Children's Online Privacy Protection Act aux États-Unis limitent la collecte de données des enfants de moins de 13 ans, l'application reste inégale — et beaucoup d'applications contournent ces règles en ciblant les « familles » plutôt que les enfants.

C'est pourquoi la supervision parentale est essentielle. La première étape consiste à limiter l'exposition. Les jeunes enfants ne devraient pas avoir un accès illimité à Internet. Utilisez des systèmes adaptés aux enfants comme Amazon Kids+ (anciennement FreeTime) ou le mode Enfant sur tablette. Configurez les contrôles parentaux sur chaque appareil. Les systèmes iOS et Android offrent des paramètres permettant de restreindre les téléchargements, bloquer certains sites, gérer le temps d'écran et exiger une approbation pour les achats ou contenus.

Passez ensuite en revue les autorisations des applications. Beaucoup d'applications pour enfants demandent inutilement l'accès à la caméra, au microphone, aux contacts ou à la localisation. Posez-vous cette question : une application de coloriage a-t-elle vraiment besoin du GPS ? Si la réponse est non, refusez l'accès ou supprimez l'application.

Il est également important de parler ouvertement avec vos enfants de leur empreinte numérique. Même jeunes, ils peuvent comprendre les bases de la confidentialité. Apprenez-leur à ne pas partager leur nom complet, adresse, école ou numéro de téléphone. Encouragez-les à venir vous parler s'ils rencontrent des comportements étranges, des fenêtres pop-up ou des messages provenant d'inconnus. Utilisez des jeux de rôle pour leur apprendre quoi faire dans des situations suspectes.

Les réseaux sociaux ajoutent une complexité supplémentaire. La plupart des plateformes imposent un âge minimum de 13 ans, mais beaucoup d'enfants y accèdent plus tôt. Si votre enfant utilise TikTok, Instagram ou YouTube, aidez-le à :

Mettre son profil en privé
Désactiver la géolocalisation
Utiliser un pseudonyme ou seulement son prénom
Éviter de publier des informations personnelles
Bloquer les messages privés provenant d'inconnus
Limiter qui peut voir, commenter ou l'identifier

Mieux encore, retarder l'utilisation des réseaux sociaux jusqu'à ce que l'enfant soit assez mature pour comprendre l'impact durable des publications. Internet a une mémoire. Chaque publication peut être copiée, enregistrée et repartagée.

Les parents doivent aussi réfléchir à leur propre comportement — notamment au « sharenting », c'est-à-dire le fait de partager des photos ou histoires concernant leurs enfants. Même si cela semble innocent, ces contenus révèlent souvent des noms, anniversaires, routines, emplacements ou visages exploitables par la reconnaissance faciale. Avant de publier, demandez-vous : mon enfant serait-il d'accord plus tard ? Accepterait-il que cette image reste en ligne pour toujours ?

Vous pouvez également protéger votre famille grâce à des moteurs de recherche adaptés aux enfants comme Kiddle ou KidRex, ainsi qu'à des plateformes éducatives ne reposant pas sur la publicité. Choisissez des outils pédagogiques ayant une politique claire de confidentialité et qui ne revendent pas les données des utilisateurs.

Installez des bloqueurs de publicité et protections anti-tracking sur tous les appareils du foyer. Les enfants ne devraient pas être ciblés par des publicités manipulatrices basées sur leurs habitudes. Des navigateurs comme Brave ou Mozilla Firefox avec contrôle parental sont plus sûrs que les options par défaut. Vous pouvez aussi utiliser des solutions réseau comme CleanBrowsing ou OpenDNS FamilyShield pour filtrer les contenus inappropriés.

Il est préférable de limiter les appareils connectés comme Amazon Alexa, Google Home ou les jouets connectés dans les chambres d'enfants. Ces appareils peuvent écouter en permanence et enregistrer des données sans transparence totale. Si vous les utilisez, désactivez les journaux d'enregistrement et vérifiez régulièrement les paramètres.

Informez-vous également sur les arnaques visant les enfants. Les jeunes utilisateurs peuvent ne pas reconnaître les faux concours, téléchargements gratuits ou pop-up trompeurs. Les extensions de navigateur qui bloquent les fenêtres intrusives sont utiles, mais les discussions familiales restent votre meilleure protection.

Créez un plan familial de confidentialité numérique comprenant des règles telles que :

Ne jamais partager d'informations personnelles en ligne
Toujours demander avant de télécharger une application
Parler à un parent avant de répondre à un inconnu
Utiliser des mots de passe forts et ne jamais les partager
Se déconnecter des comptes sur appareils partagés
Associer le temps d'écran à une vérification de confidentialité

Enfin, montrez l'exemple. Si vous voulez que vos enfants valorisent leur vie privée, laissez-les vous voir ajuster vos paramètres, questionner les autorisations d'applications ou utiliser des outils chiffrés. Faites de la confidentialité une conversation normale, et non une punition.

En résumé, protéger les enfants en ligne ne consiste pas seulement à bloquer des sites — mais à créer des habitudes durables. Permettez à vos enfants d'être curieux, créatifs et connectés, mais avec des limites. Le monde numérique est là pour rester. Votre rôle est de les aider à y grandir avec sécurité, conscience et respect de leurs propres données.

Dans le prochain et dernier chapitre pédagogique, nous rassemblerons tout cela dans un système permettant de construire des habitudes durables de confidentialité numérique — pour vous et vos proches.

L'avenir de Sofia

Sofia pensait être une bonne mère. Elle était fière de la créativité et de la confiance de sa fille Emma. Lorsque celle-ci commença à filmer des vidéos amusantes sur sa tablette, Sofia l'encouragea. Au départ, il s'agissait de sketches et de danses filmés dans le salon. Sofia les publiait sur Facebook ou Instagram avec des légendes comme : « Future star ici ! » Les proches adoraient.

Mais les choses changèrent.

Emma, désormais âgée de dix ans, demanda à publier elle-même ses vidéos. Elle voulait un compte TikTok comme ses camarades. Sofia hésita, puis accepta à condition de surveiller l'activité.

Au début, tout semblait innocent. Emma dansait, imitait des chansons et réalisait des bricolages. Ses abonnés augmentèrent rapidement. Puis un jour, Sofia regarda les commentaires. Certains provenaient d'enfants, d'autres d'adultes se faisant passer pour des plus jeunes. L'un disait : « Tu es très jolie. On peut discuter ? » Un autre demandait où Emma vivait. Un compte sans photo ni publications avait un nom rempli de chiffres.

Le cœur de Sofia se serra.

Elle supprima la vidéo, puis le compte entier. Emma pleura pendant des heures. « Pourquoi tu gâches tout ? » demanda-t-elle. Sofia ne savait pas comment expliquer qu'elle avait ouvert une fenêtre sur leur vie — et que des inconnus regardaient à travers.

Cette nuit-là, Sofia lut pendant des heures sur la sécurité numérique des enfants. Elle découvrit comment les applications collectent les données, comment la reconnaissance faciale peut analyser des images et comment des prédateurs utilisent des vidéos innocentes. Elle pensait que sa présence suffisait. Ce n'était pas le cas.

Le lendemain, Sofia s'assit avec Emma pour établir un nouveau plan.

Elles réinitialisèrent tous les appareils. Sur la tablette d'Emma, elles désactivèrent la localisation, limitèrent l'accès caméra et micro et installèrent Google Family Link. Elles configurèrent des limites de temps, l'approbation des applications et un filtrage de contenu. Elles remplacèrent aussi le navigateur par Kiddle.

Sofia créa une adresse e-mail commune ne contenant ni nom complet ni informations personnelles. Elles discutèrent des pseudonymes et des noms d'utilisateur.

Puis vint la partie difficile : Sofia devait reconnaître son propre excès de partage.

Elle parcourut ses anciens comptes. Photos de bébé, anniversaires, rentrée scolaire, Emma portant l'uniforme de football avec le nom de son école visible. Sans le vouloir, Sofia avait partagé bien plus qu'Emma elle-même. Elle commença à supprimer ces publications. Cela faisait mal — mais ces souvenirs n'étaient pas seulement les siens.

Elles parlèrent aussi du consentement numérique. Emma apprit qu'elle n'était pas obligée de répondre à quelqu'un en ligne. Que la confidentialité signifie ne pas devoir se montrer pour des inconnus.

Avec le temps, leurs habitudes changèrent. Elles créèrent un calendrier familial, instaurèrent des week-ends sans écran et commencèrent à utiliser Signal pour communiquer avec leurs proches. Emma continuait de faire des vidéos — mais elles étaient désormais stockées dans un dossier privé partagé uniquement avec la famille.

À l'école, Emma commença à remarquer ce que d'autres ignoraient : certaines applications demandaient des permissions étranges, certaines publicités manipulaient. Elle devint la « championne de la confidentialité » de sa classe.

Plus tard, Sofia et Emma organisèrent une soirée sur la sécurité numérique à la bibliothèque locale. Parents, enseignants et adolescents y participèrent. Ensemble, elles racontèrent leur histoire.

Sofia conclut avec une idée simple : « Nous ne voulons pas que nos enfants aient peur d'Internet. Nous voulons qu'ils soient conscients. Et nous voulons les protéger — non seulement en disant non, mais en disant oui à de meilleures habitudes. »

Les applaudissements furent forts, mais ce qui marqua Sofia fut un message reçu le lendemain : « Merci. Je ne réalisais pas que je partageais autant de la vie de mon enfant avant d'entendre votre histoire. »

Aujourd'hui, Sofia considère la confidentialité comme un héritage. Pas seulement à travers des règles, mais à travers l'exemple, la confiance et le dialogue. Et chez elles, la sécurité numérique n'est plus une leçon — c'est un mode de vie.

Chapitre 10 : Construire des habitudes de confidentialité durables pour la vie

À présent, vous avez exploré les principaux domaines de la confidentialité en ligne — des mots de passe et réseaux sociaux à la messagerie sécurisée, la protection des appareils et la sécurité financière. Mais la connaissance sans action constante finit par s'effacer. C'est pourquoi ce dernier chapitre se concentre sur la transformation de votre prise de conscience en habitudes durables qui évolueront avec vous. Dans un monde dominé par les données, la confidentialité n'est plus une solution ponctuelle — c'est une pratique quotidienne.

Commencez par changer votre état d'esprit. La confidentialité ne consiste pas à se cacher — mais à choisir quoi partager, avec qui et quand. Il s'agit de protéger vos limites numériques comme vous protégez vos limites physiques. Vous ne laisseriez pas un inconnu entrer chez vous sans permission. Vous ne devriez pas non plus laisser des entreprises inconnues ou des acteurs malveillants accéder librement à vos données.

Pour maintenir une confidentialité numérique à long terme, créez un système d'habitudes mensuelles, trimestrielles et annuelles. Ces petites routines se cumulent et deviennent une protection puissante.

Habitudes mensuelles de confidentialité

Vérifiez les paramètres de vos appareils : passez en revue les autorisations des applications sur votre téléphone et ordinateur. Retirez l'accès à la caméra, au microphone, à la localisation et aux contacts pour toute application qui n'en a pas réellement besoin.

Effacez vos données de navigation : supprimez cookies, cache et historique sur tous vos appareils. Utilisez des extensions de navigateur pour bloquer les traceurs et nettoyer les URL de suivi.

Contrôlez les mises à jour logicielles : mettez à jour votre système d'exploitation, vos applications, antivirus et appareils connectés. Les mises à jour corrigent souvent des failles de sécurité.

Recherchez les fuites de données : utilisez des outils comme Have I Been Pwned ou votre gestionnaire de mots de passe pour vérifier si vos identifiants ont été compromis.

Activez les messages temporaires : dans des applications comme Signal ou WhatsApp, activez les messages éphémères pour les discussions non essentielles.

Surveillez l'activité de vos comptes : connectez-vous à vos comptes financiers, Google, Apple et réseaux sociaux pour vérifier l'historique de connexion et les appareils associés. Supprimez immédiatement tout accès inconnu.

Habitudes trimestrielles de confidentialité

Faites l'audit de vos comptes en ligne : listez vos comptes actifs et supprimez ceux que vous n'utilisez plus. Moins d'exposition signifie moins de risques.

Mettez à jour les mots de passe sensibles : changez les mots de passe de vos e-mails, services bancaires et stockage cloud. Utilisez un gestionnaire comme Bitwarden ou 1Password.

Vérifiez les paramètres de confidentialité des réseaux sociaux : les plateformes changent souvent leurs politiques. Réexaminez visibilité, préférences publicitaires et autorisations d'identification.

Faites une recherche sur vous-même : cherchez votre nom, pseudonymes et adresses e-mail sur Google. Prenez note de ce qui est public et supprimez les contenus sensibles.

Testez l'empreinte de votre navigateur : utilisez des outils comme AmIUnique ou Cover Your Tracks de l'Electronic

Frontier Foundation pour voir à quel point votre appareil est identifiable.

Vérifiez vos outils de confidentialité : assurez-vous que votre VPN fonctionne correctement et renouvelez vos outils expirés.

Habitudes annuelles de confidentialité

Téléchargez vos données : des plateformes comme Google, Facebook ou Apple permettent de récupérer une copie de vos données. Les examiner peut être révélateur.

Gelez votre crédit : un gel de crédit reste l'un des moyens les plus efficaces contre le vol d'identité. Il est gratuit et réversible.

Retirez-vous des courtiers en données : demandez la suppression de vos informations sur des sites comme Whitepages, Spokeo ou PeopleFinder. Des services comme DeleteMe ou PrivacyDuck peuvent automatiser ce travail.

Créez un plan d'urgence numérique : listez vos comptes essentiels, méthodes de récupération 2FA et mots de passe (stockés en sécurité). Ajoutez des instructions pour une personne de confiance.

Vérifiez les objets connectés : examinez les paramètres de vos enceintes, caméras, téléviseurs et thermostats. Désactivez les microphones toujours actifs ou enregistrements inutiles.

Réévaluez vos limites numériques : nouveaux emplois, relations ou habitudes peuvent nécessiter une adaptation de votre stratégie.

Habitudes mentales à long terme

Réfléchissez avant de partager : avant de publier, commenter ou cliquer sur « Autoriser », demandez-vous : « Ai-je vraiment besoin de partager cela ? »

Par défaut, refusez : lorsque les applications demandent des autorisations, soyez sceptique. N'accordez l'accès qu'en cas de nécessité.

Méfiez-vous du gratuit : si un service est gratuit, il gagne souvent de l'argent grâce à vos données. Préférez les alternatives payantes ou open source.

Évitez la commodité excessive : mots de passe enregistrés, paiements automatiques ou Wi-Fi ouverts simplifient la vie — mais augmentent les risques.

Restez curieux : les menaces évoluent rapidement. Informez-vous via newsletters, podcasts ou chaînes YouTube dédiées à la cybersécurité.

Rappelez-vous : la confidentialité n'est pas binaire. Vous n'avez pas besoin de vivre hors réseau pour reprendre le contrôle. Même quelques habitudes peuvent vous rendre plus difficile à suivre, moins exploitable et plus maître de votre vie numérique.

Avant tout, la confidentialité est une forme de respect — pour vous-même, votre famille, vos limites et votre avenir. Faites-en une partie de votre identité. Transmettez-la. Et contribuez à bâtir un monde numérique où la sécurité n'est pas un luxe, mais la norme.

Dans le dernier chapitre narratif, nous verrons ce que signifie réellement adopter un mode de vie centré sur la confidentialité — et comment une famille a tout changé en faisant cette transition ensemble.

L'histoire de Marcus et Angela

Pendant des années, Marcus et Angela vivaient comme beaucoup de familles modernes — connectés, pratiques et sans réaliser à quel point ils étaient exposés. Entre téléviseurs intelligents, tablettes scolaires, banque en ligne et multiples abonnements, leur vie numérique était remplie d'identifiants, assistants vocaux et mots de passe enregistrés. Ils n'étaient pas négligents — simplement occupés.

Tout changea lorsqu'une amie proche fut victime d'un vol d'identité. Elle passa six mois à démêler des prêts frauduleux et des usurpations sur les réseaux sociaux. Cela marqua Angela. « Ça pourrait être nous », dit-elle à Marcus un soir.

Ils décidèrent alors de changer — pas seulement pour un nettoyage ponctuel, mais pour une transformation durable.

Marcus acheta un gestionnaire de mots de passe. Il passa un week-end entier à remplacer chaque mot de passe réutilisé par des chaînes longues et aléatoires. Angela créa un dossier familial sécurisé contenant sauvegardes chiffrées et codes de récupération. Ensemble, ils programmèrent des rappels : chaque mois, vérifier les permissions ; chaque trimestre, consulter les rapports de crédit ; chaque année, revoir les réseaux sociaux.

Ils appelèrent cela « Le Plan de Ménage Numérique ».

Leurs deux enfants, âgés de 9 et 13 ans, furent sceptiques. Plus de téléchargements d'applications sans contrôle ? Plus de TikTok à l'école ? Marcus transforma cela en jeu : « Points Confidentialité ». Chaque bonne décision rapportait des points. Le gagnant choisissait le film du vendredi soir.

Rapidement, les enfants participèrent avec enthousiasme. Ils comparaient le nombre de cookies bloqués et nettoyaient leurs permissions d'applications.

Angela alla plus loin. Elle demanda la suppression de leurs données auprès des courtiers. Elle cessa d'utiliser son vrai nom dans ses adresses e-mail et se désabonna de dizaines de newsletters. Elle supprima même son compte Facebook.

Ils commencèrent à traiter la confidentialité comme une valeur familiale — quelque chose à enseigner et pratiquer. Pendant le dîner, ils partageaient leurs « victoires numériques ». Avant le coucher, ils vérifiaient quelles applications avaient été utilisées dans la journée.

Leurs habitudes Internet changèrent profondément :

Passage de Chrome à Brave
Passage de Gmail à ProtonMail
Remplacement d'Alexa par des interrupteurs manuels
Utilisation de Signal au lieu des SMS

Ils utilisèrent même des dates de naissance anonymisées pour certains formulaires.

Un week-end, ils créèrent un « fort de confidentialité » — un défi familial pour devenir le plus invisible possible en ligne. Ils cartographièrent tous leurs appareils, supprimèrent des comptes inutilisés et limitèrent les permissions. Leur plus jeune enfant était fier d'avoir moins de traceurs que ses amis.

Au bout de six mois, quelque chose changea. Moins de notifications. Moins de publicités étranges. Plus de calme. Angela réalisa : « Je ne savais pas à quel point tout ce bruit occupait mon esprit. » Marcus acquiesça. La confidentialité ne ressemblait plus à une peur — mais à une liberté.

Un jour, leur fille écrivit dans un projet scolaire : « Ma famille valorise l'honnêteté, la gentillesse et la confidentialité. » Angela eut les larmes aux yeux. Ils avaient créé plus qu'un système — ils avaient créé une culture.

Marcus fut ensuite invité à parler lors d'une journée bien-être numérique dans son entreprise. Il termina avec une phrase simple :

« La confidentialité n'est pas quelque chose que l'on achète. C'est quelque chose que l'on construit — une habitude à la fois. »

Aujourd'hui, leur routine continue. Révisions mensuelles. Réinitialisations trimestrielles. Audits annuels. Cela fait simplement partie de la vie — comme se brosser les dents ou verrouiller la porte d'entrée.

Ils regardent toujours des films, utilisent des applications et naviguent sur Internet. Mais ils le font avec intention, conscience et contrôle.

Et ils dorment mieux pour cela.

Le pouvoir du choix dans un monde surveillé

Nous vivons à une époque d'accès sans précédent. Nous pouvons envoyer un message à des amis à l'autre bout du monde en quelques secondes, apprendre n'importe quoi grâce à une simple recherche, regarder des films à la demande et automatiser notre maison d'un seul mot. Mais chaque nouvelle fonctionnalité apporte aussi un compromis. La commodité s'est glissée dans chaque aspect de notre vie — souvent au détriment de notre vie privée.

La vérité, c'est que la plupart des gens n'ont jamais consciemment choisi de céder leurs données. Cela s'est simplement produit. Un rapide « J'accepte » sur les conditions d'utilisation. Un mot de passe enregistré ici, un calendrier synchronisé là. Et avant même de s'en rendre compte, les entreprises en savaient plus sur eux qu'eux-mêmes.

Mais si nous pouvions changer cela ?

Ce livre n'a jamais eu pour but de vous effrayer au point de vous déconnecter du monde numérique, ni de vous faire culpabiliser pour vos anciennes habitudes. Il a été conçu pour vous donner du pouvoir. Car la confidentialité n'est pas une question de paranoïa — c'est une question de contrôle. Il s'agit de reprendre votre capacité à évoluer dans le monde numérique selon vos propres règles. Il s'agit de comprendre la différence entre être le produit et être le client. Entre la consommation passive et le choix conscient.

Ce que vous avez appris au cours de ces dix chapitres n'est pas simplement une liste de contrôle — c'est un état d'esprit. Vous savez désormais comment créer des mots de passe solides et pourquoi ils sont importants. Vous comprenez que la navigation privée n'est pas réellement privée, et que la messagerie chiffrée n'est plus réservée aux lanceurs d'alerte ou aux développeurs — elle est utile à tout le monde. Vous avez vu comment le vol d'identité peut détruire une vie, comment les enfants sont discrètement suivis par des applications apparemment inoffensives, et comment les réseaux sociaux, laissés sans contrôle, peuvent transformer votre existence en livre ouvert écrit pour le profit de quelqu'un d'autre.

Mais surtout, vous avez vu comment des personnes ordinaires — parents, freelances, étudiants, familles — peuvent reprendre le contrôle. Vous avez compris que protéger sa vie privée est possible, réaliste et profondément gratifiant. Vous avez vu qu'il ne s'agit pas de disparaître. Il s'agit simplement de réfléchir avant de cliquer. Vérifier avant d'accepter. Poser des questions avant d'autoriser.

Et c'est peut-être là le plus grand changement : réaliser que la confidentialité n'est plus quelque chose de garanti. C'est quelque chose que vous devez choisir — encore et encore.

Cela ne signifie pas vivre dans la peur. Cela signifie adopter une conscience plus aiguisée. Tout comme vous ne laisseriez pas votre maison ouverte ou ne donneriez pas votre portefeuille à un inconnu, vous ne devriez pas laisser vos données accessibles à des entités qui n'ont pas mérité votre confiance. Vous avez droit à des limites — même dans le monde numérique. Surtout dans ce monde.

À partir de maintenant, votre pratique de la confidentialité ne sera pas parfaite. Et c'est normal. Il y aura des oublis. Vous oublierez de mettre à jour un mot de passe, vous ignorerez un paramètre ou téléchargerez une application qui en sait plus qu'elle ne devrait. Mais la différence, désormais, est que vous le remarquerez. Vous saurez comment réagir. Et vous continuerez à progresser.

Parce que la confidentialité n'est pas une destination. C'est un parcours. Un mode de vie. Une forme de respect de soi numérique.

Alors, que faire maintenant ?

Peut-être allez-vous vérifier vos mots de passe. Peut-être apprendrez-vous à votre enfant à reconnaître une arnaque. Peut-être téléchargerez-vous enfin Signal, changerez-vous de moteur de recherche ou supprimerez-vous un compte devenu inutile. Commencez n'importe où. Commencez petit. Mais commencez.

Et lorsque vous le ferez, vous rejoindrez un mouvement mondial grandissant — un mouvement où ce sont les citoyens, et non les entreprises, qui décident des règles. Un monde où la technologie sert les gens, et non l'inverse. Un monde où vous n'êtes pas seulement un utilisateur — mais aussi le gardien de votre propre espace numérique.

Vous n'avez besoin de la permission de personne pour protéger votre vie privée. Vous avez seulement besoin de la volonté de le faire.

Choisissez-la. Pratiquez-la. Transmettez-la.

Et n'oubliez jamais : dans un monde qui tire profit de votre exposition, votre vie privée est un acte de résistance — et une déclaration de liberté.

www.ingramcontent.com/pod-product-compliance
Lightning Source LLC
LaVergne TN
LVHW022005200926
848481LV00007B/2241
* 9 7 9 8 2 9 5 8 4 7 7 8 3 *